MARKETING

PENSAMENTOS & ESCOLAS

VOL. I

Souza, Edson de Carvalho;

Souza. E.C.

Marketing – Pensamentos & Escolas – Brasília - DF,
2019.

ISBN: 9798665590073

Selo editorial: Independently published

Inclui referências.

1. Marketing, Empreendedorismo, Administração,
Negócios, Gestão Empresarial.

PREFÁCIO

O marketing é praticado desde os tempos antigos e tem sido pensado quase o mesmo tempo. No entanto, é somente durante o século 20 que as idéias de marketing evoluíram para uma disciplina acadêmica por si só. A maioria dos conceitos, questões e problemas do pensamento de marketing se fundiram em uma das várias escolas ou abordagens para entender o marketing. Neste artigo, traçamos a evolução de 10 escolas de pensamento de marketing. Na virada do século XX, no início da história da disciplina, o estudo de funções, mercadorias e instituições emergiu como modos complementares de pensar sobre o assunto e ficou conhecido coletivamente como as 'abordagens tradicionais' para estudar marketing; pouco tempo depois, surgiu a abordagem do comércio inter-regional. Por volta de meados do século, houve uma 'mudança de paradigma' no pensamento de marketing eclipsando as abordagens tradicionais à medida que várias escolas mais novas se desenvolveram: gerenciamento de marketing, sistemas de marketing, comportamento do consumidor, macromarketing, intercâmbio e histórico de marketing. Em meados da década de 1970, três das escolas modernas - gerenciamento de marketing, comportamento do consumidor e troca - passaram por uma 'ampliação de paradigma'. O paradigma ampliado bifurcou o pensamento de marketing do domínio convencional do comportamento dos negócios para o domínio muito mais amplo de todo o comportamento social humano. Assim, no início do século XXI, o pensamento de marketing está em uma encruzilhada.

INTRODUÇÃO

No estudo de qualquer disciplina acadêmica, idéias e questões são discutidas e debatidas. Ao longo do tempo, esses conceitos e argumentos se agrupam em massas críticas e isso pode ser descrito como um meio de organizar o assunto, uma abordagem para entender a disciplina ou uma escola de pensamento de marketing.

Já existem vários artigos revisando a história de escolas individuais de pensamento de marketing, particularmente Hollander (1980) sobre a escola institucional; Hunt e Goolsby (1988) sobre funções; Murphy e Enis (1986) e Zinn e Johnson (1990) na escola de mercadorias; Savitt (1981) sobre comércio inter-regional; Sheth e Gross (1988) sobre a escola de comportamento do consumidor; Webster (1992) em gestão de marketing; e

Wilkie e Moore (2002, 2003) em áreas gêmeas de macromarketing: marketing e sociedade e marketing e políticas públicas. Além disso, existem revisões publicadas em algumas das subáreas das escolas, como Fisk et al. (1993) em marketing de serviços; e Berry (1995) sobre Marketing de Relacionamento. Finalmente, há também dois excelentes livros sobre o assunto das escolas de pensamento e teoria do marketing: Bartels '(1988) The History of Marketing Thought e Sheth et al. (1988) Marketing Theory: Evolution and Evaluation. Por que mais uma história?

Infelizmente, os artigos de revisão concentram-se na história de escolas individuais ou em uma subárea de uma escola e perdem o cenário mais amplo de seu ajuste com outras escolas e com todo o pensamento de marketing. Além disso, apesar de suas contribuições seminais para a literatura de marketing, existem algumas limitações em cada um dos livros. O trabalho de Bartels (1988) concentra-se principalmente em subáreas de marketing, em vez de escolas de pensamento. Embora as escolas tradicionais sejam discutidas em sua seção geral de marketing e haja um capítulo sobre gerenciamento de marketing e um sobre 'áreas mais recentes', o livro é uma história geral do marketing como uma disciplina acadêmica, organizada cronologicamente, em vez de um foco nas escolas de marketing e pensamento de marketing. Sheth et al. (1988) fornecem o trabalho mais abrangente sobre escolas de pensamento de marketing. Seu livro centra-se principalmente na avaliação teórica dessas escolas, no entanto, e não em sua evolução histórica.

O objetivo deste trabalho é atualizar a história das escolas de marketing.

Fornecemos novas idéias sobre as origens e o desenvolvimento das escolas tradicionais. Discutimos a mudança de paradigma que resultou em uma série de escolas mais novas em meados da década de 1950 e o subsequente alargamento de paradigma das escolas mais populares de marketing em meados da década de 1970. Com base nessa análise histórica, o artigo examina o estado do pensamento de marketing no início do século XXI, descreve como as escolas se inter-relacionam, explica a encruzilhada na qual a disciplina se encontra atualmente e propõe um caminho para o futuro.

Devido ao seu escopo panorâmico na discussão de 12 escolas da teoria do marketing, o trabalho pioneiro de Sheth et al. (1988) fornece um ponto de partida útil. Entre outros pontos de partida, reduzimos o número de escolas de 12 para 10. Incluímos a escola de 'ativistas' em 'macromarketing' porque lida com consumo ou consumo em conjunto. Também dobramos sua 'escola de dinâmica organizacional' na 'escola institucional' porque acreditamos que as dimensões comportamentais da primeira devem estar ligadas às dimensões econômicas da segunda para entender melhor as operações das empresas de trading nos canais de distribuição. Também excluímos o "funcionalismo", porque ele não se encaixa no nosso (ou no deles) definição de uma escola de pensamento de marketing. Apenas um estudioso de marketing - Wroe Alderson - o descreveu em apenas dois livros; e, mais importante, mostramos que o funcionalismo está incluído em outra escola - sistemas de marketing - que cai fora do trabalho de Alderson. Além disso, incluímos a história do marketing como uma escola, que estava em estado embrionário quando

Sheth et al. (1988) estavam escrevendo seu livro.

Definimos uma escola de marketing pensada como:

1 um corpo substancial de conhecimento;

2 desenvolvido por vários estudiosos; e

3 descrevendo pelo menos um aspecto do quê, como, quem, por que, quando e onde da realização de atividades de marketing.

É difícil, mas útil, distinguir escolas de pensamento de subáreas do marketing, como publicidade, gerenciamento de vendas ou pesquisa de marketing (Bartels, 1988). Como primeira aproximação, as escolas representam uma perspectiva geral ou pelo menos uma grande parte do marketing, enquanto as subáreas são elementos dentro de uma escola, geralmente dentro do gerenciamento de marketing. Duas subáreas de grande importância para o campo do marketing discutidas apenas de forma periférica são a publicidade (ver Bartels, 1988; Hotchkiss, 1933) e o marketing de serviços (ver Fisk et al., 1993; Vargo e Lusch, 2004). Embora a publicidade e o marketing de serviços tenham um número maior de seguidores do que muitas escolas e, apesar de sua importância por si só, as limitações de espaço impedem mais do que uma discussão passageira de qualquer subárea, exceto na medida em que afeta o desenvolvimento de uma escola.

Desenvolvimento histórico das escolas

O desenvolvimento das escolas de pensamento de marketing pode ser dividido em quatro períodos, paralelamente aproximadamente aos 4 Eras de Wilkie e Moore (2003):

1 Pensamento pré-acadêmico em marketing, anterior a 1900;

2 Abordagens tradicionais ao pensamento de marketing, que se estendem de aproximadamente 1900 a 1955;

3 a mudança de paradigma, baseada no trabalho de Alderson, entre 1955 e 1975; e 4 o Paradigm Broadening, principalmente após Kotler (e vários co-autores) escritos, de aproximadamente 1975 a 2000.

Antes do estudo acadêmico de marketing, vários pensadores que remontam aos filósofos socráticos gregos antigos, Platão e Aristóteles, discutiram questões de macro marketing, como a forma como o marketing era integrado à sociedade (Shaw, 1995). Durante a Idade Média, os escolares medievais, de Santo Agostinho de Hipona a Santo Tomás de Aquino, escreveram sobre preocupações com o micromarketing, como como as pessoas podiam praticar o marketing de forma ética e sem pecado (Jones e Shaw, 2002). Muitos historiadores concordam, no entanto, que o marketing como disciplina acadêmica surgiu como um ramo da economia aplicada. Várias escolas de economia forneceram grãos para a fábrica de marketing da época, particularmente a Clássica e a Escolas neoclássicas (Bartels, 1988), bem como as escolas alemãs históricas e institucionais americanas (Jones e Monieson, 1990). Além da economia como disciplina dos pais, a gerência também se desenvolveu como disciplina irmã no início do século XX. Inovações práticas, como peças intercambiáveis e linhas de montagem, foram combinadas com um pensamento inovador em práticas de gerenciamento mais eficientes. Pioneiro por Taylor (1903, 1911) e Gilbreth (1911), o 'Gerenciamento Científico' estudou as tarefas e os custos dos trabalhadores, além de tempo e movimento, para produzir eficiências no chão de fábrica. Melhorias dramáticas no sistema da fábrica resultaram em produção em massa, criando a necessidade de entender a distribuição em massa para atender ao consumo em massa.

No segundo período, as abordagens tradicionais para entender o pensamento de marketing se desenvolveram. Na virada do século XX, os negócios eram movimentados nos Estados Unidos. Houve uma migração crescente para as cidades, o surgimento de marcas e cadeias de lojas nacionais, correio rural gratuito e entrega de pacotes e crescente publicidade em jornais e revistas. A conclusão da ferrovia transcontinental gerou linhas de troncos cada vez maiores para cidades pequenas, cidades maiores desenvolveram transporte de massa e um número crescente de automóveis e caminhões percorridos em estradas em constante expansão. Esses desenvolvimentos conectaram agricultores rurais, através de agentes e corretores, com consumidores urbanos; e conectou fabricantes com atacadistas e atacadistas com varejistas, e não apenas pequenas lojas especializadas, mas as novas lojas de departamentos gigantescas e caixas de correio nacionais, para finalmente alcançar os consumidores domésticos. Estava na hora de pensar em melhorias na distribuição do mercado. Quando as escolas acadêmicas de negócios surgiram no final do século XIX, os primeiros cursos de marketing nas universidades americanas foram ministrados em 1902 (Bartels, 1988). Para organizar o assunto distinto do marketing, estudiosos pioneiros da nova disciplina emergente desenvolveram as três primeiras abordagens para o estudo científico dos fenômenos de marketing: (1) funções de catalogação; (2) classificação de mercadorias; e (3) categorizar instituições. Agora conhecidas coletivamente como as abordagens tradicionais para o estudo de marketing (Bartels, 1988), elas eram usadas para argumentar contra a queixa popular 'de altos spreads de preços entre agricultores e consumidores' e a opinião amplamente difundida de 'altos custos, desperdícios e ineficiências em marketing '. As funções de marketing demonstraram que as atividades de distribuição e troca realizadas por instituições especializadas de marketing (empresas comerciais) na movimentação de produtos agrícolas e manufaturados de fontes de suprimento para locais de demanda eram socialmente úteis e economicamente valiosas (Jones e Shaw, 2002).

O período três, aproximadamente entre 1955 e 1975, é chamado de Mudança de Paradigma

(seguindo a frase usada por Wilkie e Moore, 2003). A mudança de paradigma das abordagens tradicionais para as escolas modernas de pensamento de marketing resultou de vários desenvolvimentos. Foi influenciado por avanços militares na modelagem matemática, como programação linear, durante a Segunda Guerra Mundial. Após a guerra, a mudança de capacidade da produção militar para bens de consumo estimulou o crescimento econômico nos Estados Unidos, criando excedentes de oferta e a necessidade concomitante de atividades de geração de demanda por empresas comerciais. A mudança de paradigma também foi afetada pela Fundação Ford e pela Fundação Carnegie relatórios de 1959 exigindo maior relevância na educação empresarial e fornecendo financiamento para produzir mudanças curriculares significativas. A causa mais importante da mudança de paradigma no pensamento acadêmico, no entanto, foi o pensamento do estudioso dominante de sua época - Wroe Alderson. Com base em seus numerosos artigos e apresentações, seminários sobre teoria de marketing, boletins e dois livros semestrais (1957, 1965), a mudança de paradigma resultou ou impactou a maioria das modernas escolas de pensamento; incluindo: gerenciamento de marketing; sistemas de marketing; comportamento do consumidor; macromarketing; e troca.

O quarto período, de 1975 a 2000, é denominado Paradigm Broadening. As forças externas estavam envolvidas apenas no comportamento do consumidor, onde pesquisadores de fora do campo (particularmente a psicologia) entraram na disciplina de marketing (Sheth, 1992). Em outras escolas, o principal impulso para ampliar o paradigma foi novamente um estudioso dominante. Nesse caso, o

prodigioso pensamento de Philip Kotler
(1972, 1975) e de vários co-autores (Kotler e
Levy, 1969; Kotler e Zaltman, 1971; Levy e
Zaltman, 1975). Esse movimento resultou
em uma bifurcação em três escolas:
gerenciamento de marketing, troca e
comportamento do consumidor. A
ampliação de paradigmas expandiu os
limites do pensamento de marketing de seu
foco convencional nas atividades de
negócios para uma perspectiva mais ampla,
abrangendo todas as formas de atividade
humana relacionadas a qualquer intercâmbio
genérico ou social.

As várias escolas de pensamento,
acadêmicos pioneiros, questões abordadas,
nível ou foco da escola e conceitos-chave
estão resumidos na Tabela 1.

Escola de funções de marketing

As funções de marketing foram a primeira das escolas tradicionais a surgir na disciplina de marketing embrionário. Abordou a questão: qual é o trabalho de marketing? A abordagem funcional foi descrita por Converse (1945) como o desenvolvimento teórico mais significativo do pensamento inicial de marketing; na verdade, ele o comparou com a descoberta da teoria atômica, porque procurou identificar e catalogar os elementos fundamentais do campo. Poucos conceitos na literatura de marketing seguiram tão de perto um ciclo de vida claramente delineado. A abordagem funcional para entender o marketing começou sua introdução durante a década de 1910, passou por um rápido crescimento na década de 1920, entrou na maturidade precoce na década de 1940, atingiu seu auge na década de 1950, começou a declinar na década de 1960 e foi descartada na década de 1970 (mais ou menos paralelo a Hunt e revisão de Goolsby em 1988).

No que os historiadores (Bartels, 1988; Sheth et al., 1988) geralmente consideram o trabalho crítico na emergente disciplina acadêmica de marketing, "Some Problems in Market Distribution", Arch Shaw (1912: 173) identificou cinco funções dos intermediários: '(1) Compartilhamento do risco, (2) Transporte das mercadorias, (3) Financiamento das operações, (4) Venda das mercadorias e (5) Montagem, triagem e remessa'. Em uma carta retrospectiva, Shaw (1950) descreveu como ele desenvolveu essas idéias em 1910 como aluno da Harvard Business School; enquanto estudava a contribuição histórica dos comerciantes para a economia, ele procurou algum conceito simples por meio do qual essas funções se encaixassem naturalmente em classificações definidas e sua interdependência revelada. O objetivo era dar ordem e usabilidade ao conhecimento da distribuição do mercado acumulado a partir daquela época".

L.D.H. Weld reconheceu que as funções são 'universais', muitas vezes deslocando-se para trás e para frente no canal de distribuição: 'Nem sempre são realizadas por intermediários, mas muitas vezes em maior grau pelos próprios produtores, [e] deve-se notar que o consumidor final desempenha parte das funções de marketing' (1917: 306). Muito semelhante à lista da Shaw, a lista da Weld inclui sete funções: (1) suporte de risco, (2) transporte, (3) financiamento, (4) venda, (5) montagem, (6) reordenamento (triagem, classificação, quebra a granel), e (7) armazenamento. Apesar de dispostos e combinados de forma um pouco diferente, a única nova função acrescentada é o armazenamento.

Embora nenhuma lista de dois autores parecesse exatamente a mesma, escritores posteriores, como Cherington (1920) com sete funções, Duncan (1920) com oito, Vanderblue (1921) com 10, Ivey (1921) com sete, Converse (1921) com nove, e Clark (1922) com sete funções, também participaram do concurso para a melhor lista de funções. Cada autor adicionou algumas, deixou cair outras, agregou várias funções em uma ou desagregou uma função em várias outras. Clark (1922) acabou reduzindo o número a apenas três (com subfunções): troca (compra e venda); distribuição física (armazenamento e transporte); e funções facilitadoras (financiamento, tomada de risco, padronização). Na revisão mais com-preventiva da literatura até aquela data, Ryan (1935) ampliou a lista para mais de 120 funções agrupadas em 16 categorias funcionais. Em uma análise histórica da abordagem funcional, Faria (1983) opinou que a síntese mais útil e a lista mais amplamente aceita de funções de marketing até 1940 foi desenvolvida por Maynard et al. em 1927, mas Faria não ofereceu nenhuma evidência em apoio a sua opinião. Maynard et al. (1927) essencialmente ampliaram a lista de sete funções de Clark (1922) para oito, acrescentando informações de marketing. Não parece haver muita base para argumentar a lista de funções de um autor contra outra lista, a não ser para afirmar que a mais parcimoniosa é a de Clark (1922) e a mais detalhada é a de Ryan (1935).

Que escritores diferentes poderiam produzir um número tão variável de funções

apresenta um problema óbvio com o conceito. Em 1948, o Comitê de Definições da Associação Americana de Marketing expressou sua insatisfação:

É provavelmente lamentável que este termo [função de marketing] tenha sido alguma vez desenvolvido.

Sob ele, os estudantes procuraram espremer um grupo heterogêneo e não consistente de atividades ... Tais funções como montagem, armazenamento e transporte, são funções econômicas gerais amplas, enquanto a venda e a compra são essencialmente de caráter individual. Todos esses grupos discretos que tentamos reunir em uma classe e rotular funções de marketing. (citado em McGarry, 1950: 264)

Tentando reviver a abordagem funcional, McGarry (1950) reconsiderou o conceito baseado no propósito da atividade de marketing, que ele considerava como troca de criação. McGarry (1950: 269) acreditava ter chegado a seis funções que constituíam a *condição sine qua non* do marketing:

' Contratual - procura de compradores e vendedores;

' Merchandising - adequação das mercadorias às exigências do mercado;

' Preços - a seleção de um preço;

' Propaganda - o condicionamento dos

compradores ou dos vendedores a uma atitude favorável;

' Distribuição Física - o transporte e armazenamento das mercadorias;

' Encerramento - a consumação do processo de marketing.

Ironicamente, na tentativa de dar nova vida às funções, Hunt e Goolsby observaram astutamente que McGarry estava semeando as "sementes de sua morte". Em sua busca exaustiva da literatura, eles observaram que a lista de funções de McGarry estava muito mais próxima do trabalho dos gerentes de marketing do que as listas de funções mais antigas, 'McGarry estava pressagiando o aumento da abordagem gerencial para o estudo de marketing e o desaparecimento da abordagem funcional' (1988: 40). Embora não houvesse novos desenvolvimentos conceituais após McGarry, funções ainda podiam ser encontradas nas edições revisadas de textos de princípios de marketing anteriores (como

Beckman e uma variedade de seus co-autores através de nove edições de 1927 a 1973). À medida que os textos dos princípios se extinguiram, o mesmo aconteceu com a abordagem funcional do pensamento de mercado. As funções ou trabalhos de marketing, porém, mais tarde ressurgiu como "fluxo" de canal na escola institucional, e como tarefa gerencial na escola de administração de mercado.

Escola de produtos de base

A escola de mercadorias concentra-se nas características distintivas dos bens (isto é, produtos e serviços) e aborda principalmente a questão: como são comercializadas as diferentes classes de bens? A maioria do trabalho em mercadorias envolve categorias de mercadorias: "Os esquemas de classificação sempre estiveram no centro da

abordagem de mercadorias porque são de importância crítica para estabelecer as diferenças entre vários tipos de mercadorias" (Zinn e Johnson, 1990: 346). Embora ele não utilizasse os termos commodities industriais e de consumo, Cherington (1920: 21-2) discutiu várias categorias de bens, incluindo matérias-primas e componentes utilizados na fabricação e aqueles bens que "desaparecem do comércio para ir para o consumo individual ou para uso doméstico". Duncan (1920) distinguiu entre commodities agrícolas e manufaturadas, observando que a análise de commodities poderia ser aplicada a qualquer bem, "seja uma coisa material ou serviço", antecipando questões de produtos comparados a serviços (por exemplo, Judd, 1969; Lovelock, 1981; Rathmell, 1966; Shostack, 1977; Vargo e
Lusch, 2004).

No livro Breyer (1931), *Commodity Marketing*, cada capítulo seguiu um método "com- mon" para descrever a comercialização de um produto ou serviço individual de produtores originais, através de intermediários, até os usuários finais, incluindo modalidades como algodão, cimento, carvão, petróleo, ferro, aço, automóveis, eletricidade e serviços telefônicos. Da mesma forma, no livro de Vaile et al.'s (1952), *Marketing in the American Economy*, também houve discussão sobre como alguns bens individuais são comercializados, incluindo carros e aviões usados. Em contraste com o rastreamento do movimento de mercadorias individuais, Alexander (1951: 4) ilustrou o fluxo agregado de mercadorias nos Estados Unidos em 1939, desde a fabricação, passando pelas filiais de vendas do fabricante, atacadistas e varejistas, até os consumidores industriais e domésticos. Em um estudo ainda mais extenso, Cox et al. (1965) exploraram o fluxo agregado de bens nos Estados Unidos para 1947, desde a agricultura, mineração, pesca e outras indústrias extrativas, passando por atacadistas e outros intermediários, até a fabricação e construção civil, até o atacado e varejo, incluindo importação, serviços públicos, transporte e serviços aos usuários finais - incluindo exportação, governo, empresas e residências. A maioria do trabalho na escola de pensamento sobre mercadorias não envolvia nem mercadorias individuais nem fluxos agregados de mercadorias, mas sim estava focada na classificação de mercadorias.

O classificador mais influente de mercadorias foi Copeland (1924). Primeiro, ele fez uma distinção clara entre bens industriais e de consumo com base em quem comprou a mercadoria e o uso para o qual ela foi destinada. Copeland reconheceu que a demanda por bens industriais era derivada da demanda por bens de consumo, uma distinção em grande parte considerada por estudiosos posteriores. A Copeland identificou cinco categorias de bens industriais, e posteriormente os serviços foram acrescentados como uma sexta categoria (McCarthy, 1960). Das seis categorias, duas envolvem bens de capital, duas são usadas na produção, e duas são itens de despesa. Os bens de capital são geralmente depreciáveis e incluem as duas categorias mais caras:

(1)   instalações; itens de capital a longo prazo, tais como edifícios e terrenos; e

(2)   equipamentos acessórios; itens de capital de menor duração, como caminhões e com- puters. Outras mercadorias são utilizadas no processo de produção:

(3)   matérias-primas, tais como sílica, óxido de chumbo e potássio aquecido a 1600 graus Fahrenheit para produzir vidro; e

(4)   peças componentes, por exemplo pneus de borracha, peças da carroceria de metal e plástico, assentos de couro e janelas de vidro são montados para produzir um automóvel. Os itens de despesas incluem categorias para manter e apoiar o negócio:

(5)   suprimentos para manutenção, reparo e operação do negócio; e

(6)   serviços de apoio às operações comerciais (por exemplo, serviços de contabilidade ou custódia). A classificação de bens industriais da Copeland - com a adição de serviços - mal mudou durante as décadas do século 20 (Perreault e McCarthy, 1996). Embora os conceitos permaneçam os mesmos, o termo bens industriais às vezes é substituído por bens comerciais ou sua expressão abreviada - B2B (business to

business marketing).

É na área de classificação de bens de consumo, no entanto, que ocorreram os desenvolvimentos mais divetidos na escola de mercadorias. A maioria dos trabalhos na classificação de bens de consumo é construída sobre as três categorias originais da Copeland: conveniência, compras e bens especiais. Copeland (1924) creditou a Charles Parlin a sugestão de duas das três categorias. Gardner citou as categorias de Parlin (1912) como "(1) bens de conveniência, aqueles artigos de compra diária necessários para uso imediato, (2) bens de compras, aquelas compras mais importantes que requerem comparação - filho quanto às qualidades e preço, e (3) bens de emergência aqueles necessários para atender a uma ocorrência inesperada" (1945: 275). A Copeland incorporou os bens de emergência da Parlin na categoria de conveniência.

Em outra obra, não citada pela Copeland, Parlin (1915: 298) antecipou também produtos especializados, observando aqueles para os quais as pessoas "podem ir algumas distâncias fora de seu caminho para encontrar uma marca desejada". Também antecipado por um dos colegas da Copeland em Harvard, Arch W. Shaw mencionou a conveniência e os produtos especializados. Com o primeiro, "o consumidor coloca a conveniência em primeiro lugar, seja porque a quantidade de dinheiro envolvido é pequena e os valores são padronizados ou porque a natureza do produto coloca um prêmio em compras pequenas e frequentes perto de casa" (1916: 283). No segundo, 'uma especialidade [bem] é o resultado de uma adaptação mais próxima de um produto às necessidades . . . do consumidor' (1916: 125). Assim, as três categorias de produtos da Copeland estavam no ar, por assim dizer, na época em que ele começou a organizá-las em um sistema de classificação coerente.

A Copeland definiu claramente as três categorias. As mercadorias de conveniência são "aquelas normalmente adquiridas em lojas de fácil acesso". Os bens de consumo incluem "aqueles para os quais o consumidor deseja comparar preços, qualidade e estilo no momento da compra". No entanto, com produtos especiais, os consumidores não viajaram para uma loja de conveniência nem fizeram comparações durante as compras. Ele achou esta categoria tão diferente que a chamou de produtos especiais, 'aqueles que têm alguma atração [especial] para o consumidor, além do preço, o que o induz a fazer um esforço especial para visitar a loja ... e fazer a compra sem fazer compras' (1924: 14).

Embora houvesse uma série de fundamentos para as três categorias de produtos de con- sumer, foi a categoria de produtos especializados que despertou mais interesse e levantou mais questões entre os autores subsequentes.

Holton (1958) conceitualizou a distinção entre as categorias com base nos benefícios resultantes das comparações de preço e qualidade em relação aos custos de busca. Com os produtos de conveniência os benefícios são pequenos e com os produtos de compras os benefícios são grandes em comparação com o custo da busca. As mercadorias especiais sobrepõem-se às outras categorias, e a distinção feita por Holton é que tais mercadorias tinham uma demanda pequena, exigindo assim um esforço especial do comprador para encontrar os relativamente poucos pontos de venda que as transportavam. A sorte (1959: 64) voltou a juntar-se ao desprezo de Holton pelas mercadorias especiais, argumentando que "a disposição dos consumidores em fazer esforços especiais de compra é explicativa, orientada para o consumidor e útil".

Embora ele utilizasse as categorias de compras e produtos de conveniência, a Aspinwall (1958b) adotou uma abordagem muito diferente na classificação da Copeland do que os autores anteriores ou posteriores. Usando um esquema de cores contínuas, onde vermelho significa mercadorias de con- venience, amarelo para mercadorias de compras e tons de laranja para mercadorias no meio, ele relacionou cinco características de mercadorias ao comprimento do canal e tipo de promoção necessária com base na soma dos valores em cada característica. As mercadorias de conveniência têm uma alta (1) taxa de reposição, e são baixas sobre (2) margem bruta, (3) quantidade de ajuste do produto ou serviço, (4) tempo de consumo, e (5) tempo de busca. Com base nestas características, tais mercadorias requerem longos canais e publicidade radiodifundida. Os bens de consumo têm uma baixa taxa de reposição, e são altos nas outras quatro características. Estas mercadorias requerem canais curtos e venda pessoal. As cores destinam-se a se misturar, e tons de laranja podem ocorrer em qualquer lugar entre o vermelho e o amarelo. O laranja era mais moderado em todas as características, exigindo canais de média duração e algumas promoções de transmissão. A categoria de especialidade não estava incluída na classificação da Aspinwall.

Várias razões apareceram na literatura justificando as três categorias de produtos de con- sumo da Copeland. Bucklin (1963), usando uma abordagem de tomada de decisão, fez a pergunta: antes da compra, o consumidor tem um mapa de preferências mentais? Se a resposta for não, então são necessárias comparações de preço e qualidade, indicando um bem de consumo. Se sim, deve ser feita uma sub-pergunta; o comprador aceitará sub-tutes? Se sim, então a compradora sabe o que quer, qualquer substituto próximo funcionará, e é um bem de conveniência. Se não, a compradora sabe o que quer, não aceitará alternativas e é necessário um esforço extra de busca - um bem de especialidade. Kaish (1967: 31) usou a teoria da dissonância cognitiva para explicar a vontade da compradora de produzir energia física ou mental. Embora os bens de conveniência não sejam muito importantes para o comprador, qualquer marca o fará, nenhuma dissonância cognitiva mental, e é necessário um esforço físico mínimo, os bens de compra são importantes e 'despertam altos níveis de ansiedade mental pré-compra sobre a possível inapropriação da compra [embora a ansiedade seja alta] . . é redutível pelo comportamento de compra'. Os produtos especiais são importantes e também têm alta ansiedade pré-compra, mas "não são facilmente redutíveis" por comparação com as compras; sua importância requer uma busca física para localizar o bem especial e reduzir a ansiedade mental.

Com base na semelhança do produto e no risco do comprador, a Bucklin (1976) subdividiu a loja em dois tipos: mercadorias de baixa e alta intensidade (semelhante ao conceito de Krugman (1965) de mercadorias de baixa e alta intensidade). Seguindo um caminho semelhante, mas construindo sobre o trabalho de Kaish, Holbrook e Howard (1977) desenvolveram um mapa bidimensional com esforço físico em um eixo e esforço mental no outro. Com base nos quatro quadrantes, eles também defenderam a inclusão de uma quarta categoria de mercadorias, chamadas mercadorias preferenciais (mais ou menos semelhantes às mercadorias de baixa participação da Krugman ou as mercadorias de baixa intensidade da Bucklin), exigindo algum esforço de compra, risco moderado e alta preferência de marca.

Com base nestes desenvolvimentos conceituais, a Enis e a Roering (1980) combinaram duas considerações básicas do comprador - esforço físico e risco mental - com a preocupação do comerciante com a diferenciação do produto e a diferenciação do mix de marketing (embora se possa argumentar que o produto é apenas um elemento do mix de marketing). Isto resulta em uma classificação de quatro vias relacionadas ao esforço de comprador/produto diferente - direito à diferenciação do risco de comprador/marketing mix com sugestões de estratégias de marketing relacionadas a cada um dos quadrantes de conveniência, compras, especialidade e preferência.

Após uma exaustiva revisão bibliográfica das categorias de bens de consumo, Murphy e Enis (1986) organizaram quase todos os artigos classificando bens de consumo, com base na Copeland, em uma tabela com duas dimensões: esforço e risco. Bens de conveniência são de baixo esforço e baixo risco; e os comercializadores só podem empregar misturas de marketing limitadas. Comparados aos bens de conveniência, os bens de preferência são de esforço ligeiramente maior e risco muito maior; e os marqueteiros podem utilizar uma variedade maior de misturas. Os produtos de consumo ainda são mais altos tanto em termos de esforço como de risco; aqui os marqueteiros podem utilizar a mais ampla variedade de misturas alternativas. Os produtos especiais são os de maior esforço e risco, mas oferecem aos marqueteiros a gama mais limitada de misturas alternativas. Murphy e Enis (1986: 30) concluíram que, com base nas dimensões de esforço e risco de preço/custo, a classificação de quatro vezes é 'superior' a todas as outras.

Eles apoiaram sua conclusão com quatro argumentos:

(1) é orientado para o comprador;

(2) é generalizável a todos os usuários [consumidores, industriais], setores [lucro, sem lucro] e categorias de bens [produtos, serviços];

(3) a nova classificação reconhece o papel central do pacote benefício/custo [os benefícios devem igualar ou exceder os custos de uma transação]; e

(4) tem a vantagem de utilizar uma terminologia familiar.

Entre os anos 20 e 80, o esquema de classificação da Copeland produziu uma das mais longas cadeias de conceitos que se baseiam e melhoram uma idéia original, em vez de abandonar um conceito para o monte de sucata da história ou reinventar um conceito antigo com um novo nome. No entanto, há uma série de esquemas alternativos de classificação de bens na literatura, particularmente categorizações featur- ing alternativas bipolares: bens de baixa participação versus bens de alta participação (Krugman, 1965); produtos versus serviços (Lovelock, 1981; Rathmell, 1966);Shostack, 1977 etc.) e muitos outros.

Outro esquema de classificação que atrai interesse de marketing é o trabalho de Nelson (1970, 1974); ele separou os bens em duas categorias: pesquisa e experi- ence, com base nos custos relativos do bem versus os custos da pesquisa (com base no trabalho de Stigler [1961] sobre o valor marginal da informação). Com a busca de mercadorias, os benefícios podem ser descobertos pela busca de informações antes da compra, como um computador ou uma filmadora. Por outro lado, com bens com experiência, os benefícios só podem ser determinados após a compra quando o bem é utilizado, como pasta de dente ou restaurantes de fast food. Estas mercadorias não requerem muita pesquisa porque podem ser compradas a baixo custo e descartadas por uma marca alternativa se não forem satisfatórias, ou porque o custo da pesquisa é alto em relação aos benefícios potenciais. Uma terceira categoria chamada "bens de credenciamento" foi acrescentada por Darby e Karni (1973), onde os atributos dos bens não podem ser facilmente verificados antes ou depois da compra. Os bens de credenciamento requerem custos adicionais de busca de informações para determinar os benefícios ou valor do bem, por exemplo, uma operação cirúrgica ou reparo móvel automático que pode não ter sido necessário. Há alguma semelhança entre os esquemas de classificação de mercadorias da Copeland (1924), particularmente a versão da Bucklin (1963), e a de Nelson (1970), e também o esquema de Krugman (1965). Produtos de compras e mercadorias de busca exigem uma busca de informações antes da compra e são normalmente de alto envolvimento, exceto no caso de mercadorias preferenciais que são de baixo envolvimento. Bens de conveniência e bens de experiência são baratos o suficiente para permitir a amostragem de alternativas ou avaliação por compra, não requerem uma busca de informação significifi- cant, e são tipicamente pouco envolvidos. Bens especiais incluem, mas não se limitam a bens de credenciamento e são muito envolvidos.

Escola institucional

As instituições de marketing se referem àqueles que fazem o trabalho de marketing, geralmente intermediários de marketing, incluindo atacadistas, agentes, corretores e varejistas. Sheth et al. (1988: 74) escreveram: 'L.D.H. Weld merece crédito como o pai fundador da escola institucional' com base em sua discussão sobre o valor de intermediários especializados na execução de tarefas de marketing. Weld (1916: 21) abordou a questão: 'Há muitos intermediários. A fundação da escola institucional é a ênfase em descrever e classificar vários tipos de instituições de marketing, e mais tarde explicar suas interações no que Clark (1922) chamou de "canal de distribuição" (Clark, 1922: 8).

A Economia do Varejo da Nystrom em 1915 proporcionou à disciplina de marketing a discussão mais precoce sobre o desenvolvimento das instituições de varejo (Bartels, 1988: 91). Nystrom (1915: 11) escreveu que um dos principais objetivos do livro é descrever "um elo do sistema de distribuição - o varejo . . . para determinar as rotas mais econômicas através das quais os bens podem ser transferidos do produtor para o consumidor". Beckman's (1927) *Wholesaling* é creditado como o livro mais antigo dos discípulos do marketing - pline sobre instituições atacadistas (Bartels, 1988: 114). Beckman (1927: v) declarou: O atacadista ocupa uma posição estratégica na distribuição de mercadorias ... cujo objetivo é um sistema de marketing mais eficiente". Enquanto os intermediários do varejo e do atacado são os principais elos nos canais de distribuição, ambos os livros se concentram principalmente dentro da instituição em vez de discutir as ligações entre as instituições. Além disso, as instituições de marketing envolvem mais do que os intermediários do varejo e do atacado.

Butler e Swinney (1918: 9) definiram os intermediários para "incluir todos aqueles que se situam entre o produtor principal e o consumidor final e que tiram proveito do risco que correm, além de serem compensados pelo custo de seus serviços". Esta noção requer uma distinção entre instituições de marketing e intermediários que muitas vezes se perdeu nas discussões históricas sobre a abordagem institucional. A distinção envolve a idéia de "especialistas funcionais". No início, Duncan (1920: 7) afirmou que "os intermediários funcionalizados, ou aqueles homens, tais como ferroviários, seguradoras, atacadistas, varejistas, banqueiros, que dedicam seus esforços a uma fase de atividade comercial spe- cializada . . . podem ser chamados de instituições". Assim, as instituições de mercado combinam o que hoje seria considerado como intermediários (vendedores integrais, agentes, corretores, varejistas, etc.) com o que foi chamado de especialistas funcionais ou instituições facilitadoras. Clark (1922: 89) descartou esta noção ao incluir apenas intermediários em instituições de marketing e excluindo as instituições facilitadoras: Os especialistas funcionais são agências especializadas inteiramente em transporte, armazenamento, assunção de riscos e financiamento. Estes não são intermediários". Breyer (1934, 1964) distinguiu-se de forma semelhante:

Preocupações comerciais envolvidas principalmente na venda e compra - produtores, atacadistas, varejistas, corretores, agentes de venda, casas de comissão, etc. ... em contraste com as preocupações não comerciais envolvidas em [facilitar] a atividade de marketing, bancos comerciais, empresas de transporte e armazenamento, companhias de seguro, etc. (1964: 163)

A escola institucional enfatizava originalmente a descrição e a classificação dos intermediários. Beckman e Engle (1937) e Beckman et al. (1973: 205) podem ser creditados com as definições e taxonomia mais duradouras.

Os intermediários estão entre os principais produtores e os consumidores finais ... Todos os intermediários podem ser divididos em intermediários comerciais e intermediários funcionais . . Os intermediários comerciais compram as mercadorias diretamente e necessariamente tomam posse delas [por exemplo, atacadistas e varejistas] . . Os intermediários funcionais auxiliam diretamente em uma mudança de propriedade, mas não tomam a propriedade da mercadoria [por exemplo, auc- tions, corretores, agentes dos fabricantes e agentes de venda.

Há definições claras para cada um dos tipos de intermediários, e vários tipos de atacadistas, varejistas e intermediários funcionais são ainda classificados e definidos. A distinção Beckman e Engle entre atacado e varejo é um clássico:

O atacado inclui todas as transações de mercado nas quais o comprador é acionado por um motivo de lucro ou negócio para fazer a compra, exceto para transações que envolvem uma pequena quantidade de bens adquiridos de um estabelecimento de varejo para uso comercial, cujas transações são consecundadas como varejo. (1937: 25)

Houve poucas melhorias nas definições e no esquema de categorias originais de Beckman, e a escola evoluiu da descrição e classificação das instituições de marketing para explicar as dimensões econômicas e comportamentais dos canais de distribuição.

Clark (1922) parece ter cunhado o termo "canal de distribuição". Breyer (1934, 1964: 163) caracterizou o canal como "a estrutura elementar" da instituição de marketing. O estudo dos canais cresceu em popularidade com o aparecimento de vários excelentes livros de leituras: Mallen's (1967a) *The Marketing Channel (O Canal de Marketing): A Conceptual Viewpoint*; Stern's (1969) *Distribution Channels (Canais de Distribuição de* Stern): *Behavioral Dimensions*; e Bucklin's (1970) *Vertical Marketing*

Systems, entre outros. Uma série de conceitos econômicos e comportamentais, tais como lucro e recompensas não financeiras, poder e dependência, conflito e cooperação, confiança e compromisso, são encontrados nesta rica literatura. Vários destes conceitos estão ligados em uma meta-análise de Geyskens et al. (1999).

Em uma análise teórica fundamental, Lewis (1968) identifica sete teorias sobre os canais de marketing:

1 McInnes' (1964) 'Theory of Market Separations';

2 Vaile et al.'s (1952) 'Marketing Flows Theory';

3 Aspinwall (1958a) 'Teoria de Sistemas Paralelos';

4 Aspinwall (1958b) 'Teoria de Depósito';

5 Bucklin (1965) "Theory of Postponement and Speculation" (Teoria do Adiamento e Especulação);

6 Alderson (1965) "Theory of Transactions and Transvections";

7 Alderson (1957) "Theory of Sorting".

Infelizmente, Lewis não os integrou em uma análise meta-teórica.

Algumas delas representam teorias de médio alcance que são subsumidas sob teorias de nível superior. Através de grande parte da história da disciplina, os estudiosos contribuíram para uma teoria geral rudimentar do processo de marketing baseado em canais de distribuição. Embora vários autores a expliquem mais ou menos claramente usando uma variedade de terminologia diferente, as construções subjacentes são fundamentalmente as mesmas. Os termos incluem: 'desajustes' de Shaw (1916) e Clark (1922); 'obstáculos', 'resistências' e 'circuitos de canais' de Breyer (1934); 'fluxos' de Vaile et al. (1952), Fisk (1967) e Dixon e Wilkinson (1982); 'discrepâncias' de Alderson (1957, 1965); e 'separações' de McInnes

(1964).

A terminologia de McInnes (1964) e Alderson (1965) é a mais fácil de seguir. Estes autores começam com as relações entre fabricantes e usuários de bens. É argumentado que o potencial de interação com o mercado é criado quando os produtores são separados dos consumidores pela divisão do trabalho. À medida que a especialização aumenta, a divisão do trabalho se torna maior, as lacunas criadas se tornam mais amplas e a rede de relações comerciais potenciais se torna mais complexa. O potencial de troca, entretanto, não é o mesmo que uma transação de mercado real. As discrepâncias (desajustes, obstáculos, resistências, separações) oferecem a oportunidade para que a atividade de mercado seja realizada por intermediários para preencher as lacunas (circuitos de canal fechados, fluxos de conexão) separando os vendedores originais dos compradores finais, transformando assim as potencialidades transacionais em atualidades.

Em termos simples, os fluxos superam as separações. As lacunas no mercado incluem: espaço, tempo, percepção (informação), propriedade e valor (McInnes, 1964: 57-8), e sortimentos (Alderson, 1965: 78). Infelizmente, os fluxos que colmatam estas lacunas são muito mais variados. Vaile et al. (1952: 113) propuseram oito: três do vendedor para o comprador (posse, propriedade, promoção), três fluxos recíprocos entre as partes (negociação, financiamento, risco) e dois fluxos do comprador para o vendedor (pedido, pagamento). Fisk (1967) sugeriu cinco fluxos: comunicação, propriedade, finanças, distribuição física e risco. Dixon e Wilkinson (1982) reduziram o número para três fluxos fundamentais: contato (informação), contrato (negociação) e cumprimento material (distribuição física).

Com que rapidez os fluxos se movimentam para superar as separações e combinar o pequeno segmento de oferta de um vendedor com o pequeno segmento de demanda de um comprador? De acordo com a Teoria de Depósito da Aspinwall (1958b), as mercadorias se movem em direção ao consumo a uma taxa estabelecida pela necessidade de reposição do consumidor final. Como detalhado na Teoria de Sistemas Paralelos da Aspinwall (1958a) (discutida na escola de mercadorias), a taxa de reposição está inversamente relacionada à margem bruta, serviços necessários, tempo de busca e tempo de consumo. Assim, o conhecimento da taxa de reposição proporciona o conhecimento das outras características que determinam a taxa de fluxo. A questão de qual insti- tuição (fabricante, atacadista, varejista, doméstico, etc.) no canal irá manter e modificar o estoque é abordada pela "Teoria do Adiamento e

Especulação" da Bucklin (1965). Alderson (1957) desenvolveu a parte do adiamento, argumentando que as mudanças na modificação de produtos e inventário de estoque deveriam ser adiadas até o último ponto possível do fluxo de comercialização devido à redução do risco. Bucklin (1965) acrescentou a teoria corolária da especulação de que as mudanças na forma e na manutenção de estoques deveriam ser feitas o mais cedo possível no fluxo de comercialização para aproveitar as economias de escala. Assim, a especulação aproveita os custos mais baixos da modificação antecipada de mercadorias para obter economias de escala resultando em produção em massa, enquanto o adiamento trata da redução do risco pela modificação de mercadorias no último ponto da demanda segmentada, resultando na customização em massa de hoje.

A traição de Alderson (1965) representa uma das mais poderosas, mas menos...

utilizadas construções no pensamento de marketing. Uma transvecção inclui todas as compras   e vendas do vendedor original, através de compras e vendas intermediárias para o comprador final de um produto acabado. Ou seja, ela liga todas as instituições (depósitos) em   um canal. Alderson (1957, 1965) descreveu o que acontece em um canal - a travessura em termos de "Tipos e Transformações". Em cada depósito institucional, as mercadorias são alternativamente classificadas (sorted-out, acumuladas, alocadas ou sortidas) e transformadas   (modificadas, comercializadas, armazenadas, transportadas ou usadas). Se o canal for considerado como estrutura, como as margens de um rio, então a transvecção representa o processo, o fluxo do rio. Portanto, agregar o conjunto de transvecções paralelas de canais que ocorrem em uma economia particular, como os EUA, por um determinado período de tempo, digamos um ano, fornece "uma descrição exaustiva do processo de transvectação do mercado" (Alderson e Miles, 1965: 122). Assim, a maioria das teorias fundamentais sobre os canais de distribuição pode ser sintetizada em um todo logicamente coerente.

Escola interregional de comércio

Há duas abordagens para o comércio inter-regional, uma quantitativa e outra conceitual. Seu denominador comum é uma preocupação com a questão do "onde" o marketing ocorre. A abordagem quantitativa segue a "Lei Universal da Gravitação" de Sir Issac Newton, de 1687. Um corpo (estrelas, planetas, etc.) é atraído para outro por uma força que é diretamente proporcional às massas dos dois corpos e inversamente proporcional ao quadrado da distância que os separa. Usando esta percepção, o livro de

William Reilly (1931), *The Law of Retail Gravitation*, fornece o ímpeto para preencher a lacuna espacial no marketing. Seguindo Newton, a Lei de Reilly afirma que, dada uma pequena cidade entre duas grandes cidades, as cidades atrairiam clientes da pequena cidade em proporção direta às populações [o fator de massa] das duas cidades e inversamente proporcional à praça das distâncias que separam as duas cidades da cidade intermediária.

Converse (1949) fez inúmeros testes com a fórmula de Reilly. Depois ele ampliou o trabalho de Reilly para definir os limites de uma determinada área comercial:

Um centro comercial e uma cidade em sua área comercial divide o comércio da cidade aproximadamente em proporção direta à população das duas áreas e inversamente como a praça dos fatores de distância [distância ponderada por um fator de inércia determinado empiricamente]. (1949: 382)

A modificação do conversor no fator

distância é significativa, tornando possível determinar o ponto de ruptura entre dois centros comerciais concorrentes (e poderia, em princípio, incluir conceitualmente cidades, shopping centers, lojas, etc.).

Huff (1964) expandiu o trabalho da Converse para explicar como um comprador escolhe entre vários centros comerciais distantes para comprar produtos e serviços. Huff refinou ambas as medidas nas fórmulas de Reilly e Converse. Ele enriqueceu a métrica utilizada para o "tamanho" ou "massa" do centro comercial, desde a população até a metragem quadrada da área de venda. Ele também melhorou a medição da "distância" de quilômetros até o tempo viajado.

Finalmente, Huff transformou a definição padrão de uma área comercial da perspectiva de um vendedor para a perspectiva de um comprador. Huff criticou a definição da AMA de "área de comércio" como "um distrito cujo tamanho é normalmente determinado pelos limites dentro dos quais é econômico em termos de volume e custo para uma unidade de marketing vender e/ou entregar um bem ou serviço", porque forneceu "pouca percepção sobre a natureza e o escopo de uma área de comércio" (1964: 19). A definição de Huff (1964: 18) de uma área de comércio resolve a questão da natureza e escopo: 'Uma região geograficamente delimitada, contendo clientes potenciais para os quais existe uma probabilidade maior do que zero de sua compra de uma determinada classe de produtos ou serviços oferecidos para venda por uma determinada empresa ou por uma determinada aglomeração de empresas'. Aparentemente, o trabalho de Huff foi considerado definitivo, pois não houve praticamente nenhum acréscimo ou crítica a modelos de gravitação na literatura de marketing desde seu artigo de 1964.

E.T. Grether é creditado como o maior

desenvolvedor do lado conceitual do comércio interregional (Savitt, 1981; Sheth et al., 1988). Grether (1950: 509) explorou as exportações e importações regionais com base em quatro fatores: (1) a escassez de recursos;

(2) afluência regional;

(3) demanda recíproca entre regiões; e

(4) a concorrência relativa dentro das regiões.

Posteriormente, em uma seção de seu livro em co-autoria (Vaile et al., 1952: 487-569), Grether refinou as características das diferentes regiões geográficas e seu impacto sobre a exportação e importação de produtos e serviços. Ele definiu uma região econômica como uma área geográfica relativamente grande com quatro características:

(1) tem mais de um centro de controle econômico;

(2) possui maior homogeneidade interna (que outras áreas);

(3) exporta um grupo carac-terístico de produtos para outras áreas; e

(4) importa os produtos característicos de outras áreas (Vaile et al., 1952: 487).

Revzan (1961) forneceu uma série de fatores que impactam o tamanho de uma área de comércio de um vendedor inteiro, tais como alto valor do produto em relação ao volume, taxas de transporte e canais de distribuição disponíveis. Savitt (1981: 231) considerou o núcleo do comércio inter-regional como o reconhecimento da importância e interdependência de fatores sociais e geográficos que afetam uma empresa e sua relação nos canais. Com base nos fundamentos estabelecidos por Grether, Revzan e Savitt, os fatores que afetam o comércio inter-regional na economia global atual poderiam ser facilmente substituídos pelo comércio inter-regional sem qualquer perda de continuidade conceitual.

O "onde" da escola inter-regional de pensamento, juntamente com o "o quê", "como" e "quem" das funções, mercadorias e instituições, foram largamente afastados pela mudança de paradigma que criou novas escolas de pensamento nos anos 50, em particular a ênfase "como fazer" da gestão de marketing.

Escola de administração de marketing

A gestão de marketing aborda a questão: como as organizações devem comercializar seus produtos e serviços? A escola se concentra na prática de marketing vista do ponto de vista dos vendedores. A escola originalmente limitava o espectro dos vendedores aos fabricantes, mas agora inclui varejistas, prestadores de serviços e todos os outros tipos de negócios; e com a ampliação do paradigma foi estendido a todas as formas de entidades não comerciais também. Esta escola domina assim o campo do marketing, deve ser incluída como uma escola de pensamento e não como uma sub-área , embora tenha apenas um foco de micro-marketing (ou seja, perspectiva de uma unidade individual de análise). O impulso para uma perspectiva gerencial de marketing ocorre em um livro de Alexander et al. (1940), simplesmente chamado *Marketing*, que foi revisado várias vezes até 1953. Fundamentalmente, os livros deste gênero estão organizados em torno da noção de um mix de marketing. Embora menos pronunciada neste livro em comparação com os que se seguiram, a maioria dos elementos do marketing mix aparece: canais de distribuição, preço, planejamento do produto, venda e publicidade.

Vários conceitos emergentes nos anos 50

e início dos anos 60 formam o núcleo de idéias que levam ao rápido crescimento desta nova escola: A noção de Wendell Smith (1956) de "diferenciação de produto e segmentação de mercado como estratégias de marketing alternativas"; a idéia de Chester Wasson (1960) do "ciclo de vida do produto"; e a perspectiva de Robert Keith (1960) de uma orientação do consumidor conhecida como o "conceito de marketing". Provavelmente o conceito mais importante, dado que os livros neste centro escolar sobre ele, é a expressão de Neil Borden (1964) do 'marketing mix'. Em seu artigo clássico de sua história, Borden creditou a James Culliton (1948) a descrição do executivo de marketing como uma 'decisão', um 'misturador de ingredientes'. A noção levou Borden, nos anos 50, à percepção de que o que este misturador de ingredientes decidia era uma "mistura de marketing". McCarthy (1960: 52) creditou a A.W. Frey's *The*

Effective Marketing Mix em 1956 com a primeira lista de verificação de mix de marketing.

Alguns dos primeiros livros intitulados *Marketing Management* foram escritos por D. Maynard Phelps (1953), e Keith R. Davis (1961), embora ambos tenham se concentrado na gestão de vendas. Outro livro de título semelhante foi *Management in Marketing* escrito por Lazo e Corbin (1961), mas focava nas funções de gerenciamento de planejamento, organização e controle aplicadas ao marketing. Nenhum desses livros, apesar de seus títulos, se encaixava no gênero emergente centrado no mix de marketing e cada um logo saiu de circulação. Mas o título de administração de marketing permaneceu.

Wroe Alderson (1957) *Marketing Behavior and Executive Action* lidou em grande parte com ciência, teoria e sistemas, mas dedicou o último terço do livro à tomada de decisões executivas em marketing. Teve um impacto monumental sobre o campo. De acordo com Bartels (1988: 178), "Alderson com um golpe de varredura criou um novo padrão para considerar a gestão de marketing". Também influente, e publicado no mesmo ano da obra de Alderson, o livro de John Howard (1957), intitulado *Marketing Management*, enfatizava elementos do mix de marketing que ele chamou de áreas de 'decisão': decisões de 'produto', 'canal de marketing', 'preço', 'promoção - propaganda', 'promoção - venda pessoal', e 'localização'. Isto foi seguido por Kelley e Lazer (1958) *Managerial Marketing*; *um* livro de leituras organizado em torno dos elementos do mix de marketing denominados áreas 'estratégicas': produto', 'preço', 'canais de distribuição' e 'comunicações'. Em ambos os livros, os elementos básicos do mix de marketing estão agora em vigor. Era o livro de Gene McCarthy (1960), *Marketing Básico: A*

Managerial Approach, criando o marketing mix quatro P's mne- monic para 'produto', 'preço', 'promoção' e 'lugar', no entanto, que varreu o campo e venceu todos os textos de gestão de marketing antes dele.

Kelley e Lazer (1958) argumentaram que o título marketing gerencial faz mais sentido, porque a administração modifica o assunto de marketing, sugerindo uma sub-área de marketing, em vez do inverso que sugere que o marketing é uma sub-área da administração. No entanto, o título "Gestão de Marketing" surgiu como o nome desta nova área de estudo. Em conjunto, os livros de Alderson, Howard, Kelly e Lazer, e McCarthys forneceram a massa crítica que resultou no mercado.

A gestão se tornou o curso principal no currículo de marketing e a escola dominante de pensamento de marketing.

O modelo de resposta de vendas de Kotler (1967), denominado "teorema fundamental de participação de mercado", forneceu uma lógica coerente para o mix de marketing. Há dois pontos conceituais. Primeiro é a idéia de que as vendas de uma empresa são uma resposta direta às mudanças em seu mix de marketing, ceteris paribus. A segunda idéia é que a participação de mercado de uma empresa responde diretamente à eficácia de seu marketing mix e inversamente ao marketing mix da indústria (ou concorrência direta). Assim, uma empresa com um produto melhorado, um preço reduzido ou uma promoção ou distribuição mais eficaz, em relação ao setor, experimentará um aumento em sua resposta de vendas e participação no mercado. Assim, o trabalho do gerente de marketing é encontrar um mix de marketing ideal, relativo à concorrência, para um determinado segmento de clientes.

Um grande desenvolvimento no pensamento conceitual ocorreu quando Kotler e Levy (1969: 10) propuseram a ampliação do marketing (gestão) de seu contexto comercial histórico para a aplicação de técnicas de marketing mix a organizações sem fins lucrativos. Curiosamente, na mesma revista, Lazer (1969: 3) também propôs a ampliação da gestão de marketing, mas em uma direção diferente, para incluir seu impacto social, observando "que o marketing deve servir não apenas aos negócios, mas também aos objetivos da sociedade" (ver escola de macromarketing). Embora ambas as abordagens envolvam a ampliação do marketing, a versão de Kotler refere-se à aplicação de técnicas de gestão - niques fora da área de negócios convencionais, enquanto a abordagem de Lazer envolve o impacto social dos negócios convencionais (discutido na seção de macromarketing). É a abordagem de Kotler que é discutida aqui sob a rubrica do paradigma ampliado do marketing.

As questões sobre se o marketing era um conjunto de técnicas de gestão de marketing

- niques aplicáveis a todas as organizações e indivíduos ou melhor, uma instituição econômica projetada para atingir objetivos sociais foram debatidas durante as décadas seguintes em várias revistas e procedimentos (por exemplo, Arndt, 1978; Bartels, 1988; Kotler, 1972, 1975; Luck, 1969, 1974; Sweeney, 1972). Mas os manuais de administração de marketing também afetaram a opinião acadêmica. Durante os anos 80, a *Gerência de Marketing* da Kotler ultrapassou o *Marketing Básico* da McCarthy para ter a maior participação no mercado de livros de texto. Assim, na competição pelas mentes dos estudantes, a linha de livros de Kotler passou a dominar todos os segmentos do mercado de textos de administração de marketing. (Cunningham, 2003). Isto é notável porque o livro de McCarthy manteve o contexto comercial convencional do marketing, enquanto os livros didáticos de Kotler ampliaram o marketing no sentido da aplicação de técnicas de marketing mix para lidar com qualquer causa social ou pessoal.

Este paradigma que amplia drasticamente o tema da disciplina, porque a gestão de marketing para leigos e muitos acadêmicos é sinônimo de marketing. E a posição ampliada, segundo Kotler, é de fato expansiva: "O comerciante é um especialista em compreender os desejos e valores humanos e determinar o que é preciso para que alguém atue" (1972: 53). Isto aplica técnicas de gestão de marketing a qualquer organização ou pessoa com algo para "vender", pelo menos no significado secundário de vender "para persuadir ou influenciar" (Merriam-Webster, 1994: 1062). Dada esta visão dos marqueteiros, o paradigma de marketing ampliado foi antecipado por Dale Carnegie (1964, i) que aconselhou os indivíduos a empregar cada palavra e agir para "conquistar amigos, clientes e clientes" e "influenciar as pessoas a seu modo de pensar".

Há um custo para o paradigma que se amplia. Embora a disciplina pareça ampla - ao transferir tecnologia de gestão para entidades sem fins lucrativos, Bartels (1988) acreditava que seu escopo na verdade se reduziu, limitando a perspectiva ao ganho individual e não ao impacto social além das partes. Sheth e Garrett (1986: 1) concordaram com a visão limitando o marketing à gestão de marketing: As expansões de fronteiras do marketing [gestão] resultaram na limitação de nossa percepção de marketing à venda e promoção". Como estes historiadores nos lembram, há mais escolas para o pensamento de marketing do que apenas a perspectiva única da gestão de marketing, mesmo que muitos, se não a maioria dos escritores, o considerem sinônimo de marketing.

Em sua revisão da gestão de marketing, Webster (1992) também enfatizou a ampliação da gestão de marketing, mas em outra direção que não a versão de Kotler. Uma visão ampliada", escreveu Webster (1992: 13), que aborda "o papel do marketing em empresas que vão ao mercado através de múltiplas parcerias [canais, alianças estratégicas e relacionamentos]". A expansão da Webster mantém o contexto comercial convencional do marketing e também liga a gestão de marketing à escola insti- tucional. No entanto, a versão de Kotler do conceito de ampliação continua sendo a perspectiva dominante.

A pesquisa em gestão de marketing, apesar da popularidade do paradigma que se amplia, é principalmente orientada aos negócios e se concentra principalmente na estratégia de marketing, segmentação e direcionamento, ou elementos do mix de marketing: produto, preço, promoção, local e pesquisa de mercado.

Uma sub-área do mix que recebe muita atenção de pesquisa é o produto 'P'. Ironicamente, nas primeiras definições de marketing, os produtos eram definidos fora do campo. Por exemplo, uma definição antecipada bastante comum   de marketing é "a criação de utilidade de lugar, tempo e posse" (Converse e Huegy, 1930); e "utilidade de forma" ou produto é explicitamente excluído do marketing e relegado à produção (agricultura ou manufatura).   Outra ironia no produto P é que a maioria das pesquisas relacionadas hoje em dia está centrada em serviços e não em produtos (ver Fisk et al., 1993; Vargo e Lusch, 2004) como uma sub-área distinta do estudo de gestão de marketing. De fato, Vargo e Lusch (2004) fizeram um argumento robusto de que os serviços são mais fundamentais porque os consumidores só querem que o serviço beneficie a oferta de um produto. Este ponto de vista - de que os produtos só fornecem um veículo de entrega para os benefícios do serviço - é uma posição susceptível   de suscitar um debate considerável, cuja análise terá de aguardar uma visão histórica   futura. Em qualquer caso, a gestão de marketing tornou-se uma escola de pensamento tão grande que o número de pesquisadores em algumas de suas sub-áreas, como serviços ou publicidade, excede o número de pesquisadores na maioria das outras escolas. Das duas   primeiras escolas de marketing criadas pela mudança de paradigma de Alderson, gestão e sistemas, esta última representa o caminho menos percorrido.

Escola de sistemas de marketing

Os sistemas de marketing abordam todas as questões de marketing. Por exemplo, o que é um sistema de marketing? Por que ele existe? Quem se dedica ao marketing? Onde e quando o marketing é realizado? Como ele funciona?

Qual é o desempenho do sistema de marketing? O primeiro autor a utilizar a terminologia de sistemas em marketing foi Wroe Alderson (1957), cujo livro *Marketing Behavior and Executive Action (Comportamento de Marketing e Ação Executiva)* foi discutido: sistemas de comportamento organizado" (1957: 35) "sobrevivência e crescimento de sistemas" (1957: 52) "sistemas de entrada - saída" (1957: 65) entre cerca de quatro dúzias de referências a conceitos de sistemas. Embora não citado, Alderson foi claramente influído pela 'Teoria Geral dos Sistemas - O Esqueleto da Ciência' de Kenneth Boulding (1956). Boulding popularizou a noção de um sistema de sistemas e creditou especificamente o nome 'Teoria Geral de Sistemas' e o núcleo de suas idéias a seu pai fundador - Ludwig von Bertalanffy (1951) *Teoria Geral de Sistemas: Uma Nova Abordagem para uma Unidade da Ciência.*

Alderson (1957, 1965) chamou sua abordagem científica do pensamento de marketing de 'Funcionalismo', mas é melhor descrito como 'Sistemas', mesmo por ele:

Funcionalismo é aquela abordagem da ciência que começa com a identificação de algum *sistema* de ação [por exemplo, marketing] e depois tenta determinar como e por que ela funciona como funciona. O funcionalismo enfatiza todo o *sistema* e se compromete a interpretar as partes em termos de como elas servem o *sistema*. Alguns escritores ... preferem falar da abordagem holística por causa da ênfase no *sistema* como um todo. (Alderson, 1957: 16-17; itálico acrescentado)

Quase todas as referências de Alderson ao termo funcionalismo utilizam conceitos de sistemas para explicá-lo. Infelizmente, em 1965, Alderson faleceu quatro meses antes da publicação de seu trabalho definitivo, *Dynamic Marketing Behavior,* que foi em sua maior parte fragmentado por colegas de rascunhos e notas soltas (1965: v). É interessante especular que se ele tivesse vivido mais tempo, dado seu pensamento prospectivo, o próprio Alderson poderia ter mudado conceitualmente do funcionalismo (entrando na fase de declínio de seu ciclo de vida nas ciências sociais) para a teoria geral dos sistemas (começando sua fase de crescimento). Há alguma base para esta especulação; em um de seus últimos escritos de autoria exclusiva: "A Normative Theory of Marketing Systems", o funcionalismo é apenas mencionado brevemente em algumas frases, aparentemente como um pensamento posterior, enquanto Alderson (1964: 105) expressa seu "compromisso com a abordagem total dos sistemas".

Enquanto Alderson desenvolveu as bases dos sistemas de marketing pensando em seus artigos, livros e seminários de teoria de marketing, o trabalho foi levado adiante por seus alunos e colegas. O livro didático de Fisk (1967), *Sistemas de Marketing: Uma Análise Introdutória*, delineados sistemas de micro e macro-marketing. Dixon (1967), numa perspectiva macro, mostrou como o sistema de marketing era inte- rado na sociedade maior da qual faz parte. Boddewyn (1966) desenvolveu uma estrutura para a pesquisa comparativa de sistemas de marketing com foco na estrutura, função, processo e ambiente no qual os atores se engajam no marketing. Entre o macro e o micro, Bucklin (1970) 'Vertical Marketing Systems' descreveu a economia dos canais como sistemas, Stern (1969) descreveu seus dimensões comportamentais, e Mallen (1967b) trabalhou em inter-relações de canais como "sistemas de decisão de gestão". Na outra ponta do espectro, tomando uma micro perspectiva, Lazer (1971) utilizou uma abordagem de sistemas para analisar a gestão de marketing. E, claro, Alderson (1957, 1965) identificou originalmente os porões, assim como as empresas, como sistemas de comportamento organizado.

Parece óbvio que qualquer tentativa de sintetizar escolas de pensamento de marketing, ou desenvolver uma teoria geral de marketing, deve incluir sistemas que pensem pelo menos como uma superestrutura. No entanto, as discussões sobre sistemas de marketing, per se, declinaram durante os anos 70 (apesar de reemergir parcialmente no macromarketing abaixo) com o aumento da gestão de marketing e do comportamento do consumidor.

Escola de comportamento do consumidor

Por lidar com o comportamento humano, o comportamento do consumidor é uma das escolas de pensamento mais ecléticas do marketing. A escola inicialmente tratava de questões de compra (busca e seleção) e consumo (uso e descarte). Embora comprador e consumidor sejam geralmente agrupados, às vezes é mais proveitoso vê-los   como papéis diferentes que as pessoas desempenham porque há algumas distinções notáveis entre eles. Por exemplo, um produto ou serviço pode ser comprado por um indivíduo e consumido por outro, exigindo que o comprador antecipe a provável satisfação do usuário. O comprador avalia o negócio feito para um produto ou serviço e o consumidor avalia a satisfação recebida, seja um mau negócio ou uma experiência insatisfatória é menos provável que resulte em recompra e uso (Assael, 1998). Apesar das distinções, a compra e o uso são geralmente subsumidos sob o termo comportamento do consumidor, que também se expandiu muito além deste domínio tradicional.

Originalmente, o comportamento do consumidor se estendeu à psicologia freudiana "consumidor manipulado por mensagens subliminares", à psicologia pavloviana "consumidor condicionado por anúncios repetitivos", à psicofísica "limiares sensoriais do consumidor sensibilizados por apenas diferenças perceptíveis", à psicologia cognitiva "consumidor sobrecarregado pelo processamento de informações e tomada de decisões arriscadas", à psicologia social "consumidor influenciado pela liderança de opinião e influência social", à sociologia "consumidor imerso em classe social e subculturas", e até mesmo à antropologia "consumidor sujeito ao folclore, ritual, mito e simbolismo".

Antes dos anos 50, havia numerosos psicólogos, psicólogos sociais, sociólogos e economistas cujo trabalho influenciou o desenvolvimento inicial da CB no pensamento de marketing. Sheth et al. (1988) mencionam nomes tão bem conhecidos como Maslow, Festinger, Homans, Rodgers, Osgood, Simon, Katona,

Katz e Lazerfield, entre muitos outros. Por volta dos anos 50, pesquisadores de motivação em marketing, como Ernest Dichter, seguiram uma dobra freudiana. Eles sugeriram, por exemplo, que mulheres comprando ingredientes para bolos em vez de pré-misturados estavam subconscientemente dando origem ao nascimento; e homens comprando conversíveis vermelhos em vez de carros mais tradicionais estavam subconscientemente adquirindo amantes (Bartos, 1977). Embora levando a alguns métodos psicológicos úteis, tais como a interpontos de vista, técnicas projetivas e grupos de foco, conceitualmente esta pesquisa se tornou em grande parte um beco sem saída, e a maioria dos estudiosos subsequentes prefere esquecer a ênfase inicial na motivação subconsciente.

Como escola de pensamento de marketing, o comportamento do consumidor começou sua fase de crescimento nos anos 60 com a integração de conceitos (incluindo psicologia cognitiva, tomada de risco, liderança de opinião, processamento de informações e outras idéias da psicologia psy à sociologia) em modelos abrangentes de comportamento do comprador. Estes modelos incluem estímulos ambientais e de marketing como inputs, processamento mental afetivo e cognitivo, uma hierarquia de produtos comportamentais que levam à compra e aprendizagem que fornece feedback. Embora Nicósia (1966) tenha produzido o primeiro modelo, os dois modelos mais bem desenvolvidos são os de Engel et al.'s *Consumer Behavior* (1968) e Howard and Sheth's (1969) *The Theory of Buyer Behavior*. Como base de seu livro didático, o modelo de Engel et al. foi usado principalmente para fins pedagógicos. O modelo de Howard e Sheth era mais orientado à pesquisa, foi testado, recebeu algum apoio empírico (Farley and Ring, 1970), e uma formalização parcial das construções foi feita por Hunt (1976). Uma análise metatórica dos três modelos segundo 16 critérios subjetivos foi feita por Zaltman et al. (1973). Apesar da falta de definições operacionais claras e especificação de relações funcionais, as partes componentes desses modelos forneceram bases férteis para pesquisas subseqüentes sobre o comportamento do consumidor.

A popularidade do comportamento do consumidor se espalhou à medida que vários livros de leituras

apareceu: Kassarjian e Robertson's *Perspectives in Consumer Behavior* em 1968, Holloway et al.'s *Consumer Research: Pesquisa Contemporânea em Ação* em 1971, e *Fundamentos de Comportamento do Consumidor da* Cohen em 1972, para mencionar alguns. Em 1969 um Workshop sobre Comportamento do Consumidor tornou-se a Associação para Pesquisa do Consumidor (ACR), e em 1974 a ACR publicou seu primeiro *Journal of Consumer Research* (*JCR*). Tendo sua própria associação proporcionado aos pesquisadores cohe- sion e capacidade de networking, a conferência e a revista ofereceram pontos de publicação e estes eventos estimularam ainda mais a pesquisa no comportamento do consumidor.

Concebido como um "meio de intercâmbio interdisciplinar", o *JCR* ampliou as fronteiras do comportamento do consumidor muito além de "compra, consumo ou uso" para praticamente qualquer comportamento humano, inclusive: 'comportamento de planejamento familiar, escolhas ocupacionais, mobilidade, determinantes das taxas de fertilidade', entre muitos outros tópicos não relacionados ao mercado (Frank, 1974: iv). Com esta ampliação, um número substancial de pesquisadores não empresariais de todas as ciências comportamentais, particularmente a psy- chology, publicou na revista e entrou na área de marketing. A maioria desses pesquisadores não estava particularmente interessada nas implicações gerenciais de persuadir os consumidores a comprar produtos ou serviços. Eles estavam mais preocupados com o comportamento do consumidor como um *fim* de estudo em si mesmo, seja resultante de compras no mercado ou não, em vez de um *meio de* gestão de marketing para uma venda (Sheth, 1992). Isto criou outra bifurcação no pensamento de marketing. Um cisma tão severo que estudiosos líderes como Kotler (1973) se sentiram obrigados a escrever um artigo intitulado: "Comprar também é marketing!"; e Sheth e Garrett previram um "divórcio entre marketing e comportamento do consumidor" (1986: 221).

Holbrook observou:

O campo da pesquisa do consumidor atualmente se encontra em crise de identidade . . [A] *JCR* tem vindo ultimamente a abraçar uma variedade de tópicos outrora pensados de forma demasiado arcana ou abstrusa para uma publicação acadêmica dedicada ao estudo do comportamento do consumidor. Ela cresceu tão incrustada com conotações decorrentes de sua associação com outras disciplinas que, por esta altura, representa tudo, o que neste caso equivale a nada. (1987: 128)

Como uma indicação de até que ponto o comportamento do consumidor se retirou do marketing, Wilkie e Moore (2003: 133) afirmaram, "nossa contagem dos quase 900 artigos publicados pelo *Journal of Consumer Research* em seus primeiros 20 anos mostrou que a palavra "marketing" apareceu apenas três vezes no título de um artigo". Uma fração de um por cento é comportamento de evasão. Aparentemente, o marketing não era aceitável para os pesquisadores não comerciais porque o marketing não era respeitável (mas esta percepção está mudando; veja a escola de intercâmbio abaixo). Assim, o comportamento

do consumidor, como a gestão de mercado ,
ampliou-se além do domínio do marketing
tradicional para incluir todo comportamento
relacionado ao consumo de qualquer fonte,
incluindo a autoprodução, doação de
presentes, a generosidade do governo,
caridade, roubo, etc., e não apenas o
comportamento de compra; embora o próprio
Kotler (1980: 20) considerasse apenas a
aquisição a partir do intercâmbio como dando
origem ao marketing.

Após os modelos abrangentes do final
dos anos 60, a criação, a mudança, a con-
sistência- e a complexidade de atitude,
particularmente o 'modelo de escolha de
atitude' de Fishbein (1967), tornou-se a área
temática quente durante os anos 70. Entre
os anos 80 e 90, o processamento de
informações aparece como o tópico de
interesse mais difundido (baseado no
índice JCR dos Volumes 1-20), embora os
conceitos CB sejam tão numerosos que

nenhum chega perto de dominar.

Com sua ampliação muito além das compras e mesmo do consumo, a pesquisa de consumo cobre agora o espectro das ciências sociais, e quase se tornou uma faculdade acadêmica de pensamento em si, em vez de uma escola de pensamento de marketing. Um conjunto ilustrativo, mas não exaustivo, de tópicos populares desta escola inclui: motivação; personalidade; influência; atenção seletiva; percepção e retenção; hierarquia de necessidades; aprendizagem clássica e operante; emoções; informação a favor da cessação; liderança de opinião; hierarquia de efeitos; difusão e adoção de inovação; subculturas e culturas cruzadas; tomada de decisão conjunta; doação de presentes domésticos; compra e consumo; ciclo de vida familiar; influência social; efeito; cognição; intenção e escolha; sinais; semiótica e simbolismo; busca de informação; envolvimento; memória; teoria da persuasão; hedônica; imagética; teoria da perspectiva; julgamento; busca de variedades; polarização; e comportamento desviante; entre outros. Entre os acadêmicos de marketing, o estudo do comportamento do consumidor aparece em segundo lugar apenas em relação à gestão de marketing em popularidade.

Escola de Macromarketing

Com a popularidade esmagadora da gestão de marketing e do comportamento do consumidor, o interesse diminuiu na abordagem geral dos sistemas. Em reação às crescentes escolas microorientadas, e movido pelo desejo de ressuscitar a Alderson's pensando em sistemas, vários estudiosos buscaram um retorno às dimensões maiores do marketing e se concentraram na parte do esquema do sistema Fisk (1967) que envolvia macromarketing. Esta escola aborda grandes questões, como, por exemplo, como o sistema de marketing impacta a sociedade? Ou como a sociedade impacta o sistema de marketing? Ou como o sistema de marketing agregado é produtivo?

Embora a terminologia fosse diferente, o conceito fundamental de ver partes interagindo em termos de sua contribuição ao todo, característica dos sistemas de macromarketing, é antecipado nos trabalhos de Breyer (1934) *The Marketing Institution*, Duddy e Revzan (1947) *Marketing, An Institutional Approach*, e Vaile et al.'s (1952) *Marketing in the American Economy*. Breyer falou da necessidade de um "estudo unificado de marketing ... não como um dispositivo para obter lucro individual, mas como um instrumento social projetado para servir os melhores interesses do público em geral"

(1934: vi). Duddy e Revzan viam a "estrutura de mercado como um todo orgânico composto de partes inter-relacionadas, sujeito a crescimento e mudanças e funcionando em um processo de distribuição que é coordenado por forças econômicas e sociais" (1947: vi). Mas estas eram vozes no deserto, fora do pensamento mainstream do marketing que na época se preocupava com funções, mercadorias e instituições. Foi preciso Alderson, que dominava o pensamento de marketing, para trazer estas idéias para a vanguarda do pensamento de marketing. Mas mesmo Alderson (1957), que dedicou dois terços de seu livro pioneiro à ciência, teoria e sistemas, foi reconhecido por Bartels (1988) pela parte dedicada à gestão de marketing.

Ao contrário do micromarketing, que ele via como empresas ou casas individuais, holds, Fisk (1967, iv) considerou o macromarketing como representando uma agregação dessas unidades; e dedicou seu livro, o primeiro intitulado *Sistemas de Marketing*, a Alderson, Breyer e Cox "que ensinou os ABC's de marketing a muitos estudantes agradecidos". Lazer (1969) e também Kelley (1969) defenderam um maior foco no impacto da gestão de marketing na sociedade, pois ambos acreditavam que o marketing não deveria ser concebido estritamente em termos de lucro individual, mas no contexto mais amplo de benefício social. Posteriormente, Bartels e Jenkins enfatizaram que o macromarketing:

tem significado marketing *em geral* ... o processo de marketing *em sua totalidade*, e o mecanismo *agregado* das instituições que o realizam. Significou *sistemas* e *grupos* de micro instituições, tais como canais, conglomerados, indústrias e associações, em contraste com suas unidades componentes individuais . . significou o *contexto social* da micromarketing . . Também significou o *ambiente incontrolável* das microempresas. (1977: 17; ênfase original)

A primeira conferência de

macromarketing foi realizada em 1977, durante a qual foi formada uma associação e logo seguida pelo *Journal of Macromarketing* (JMM), em 1981. Como no comportamento do consumidor, as conferências e a associação geraram conscientização e ofereceram oportunidades de networking; além disso, a revista forneceu pontos de pesquisa neste novo campo de marketing não-micro. Mas surgiram imediatamente questões sobre o assunto que constituía o macromarketing. Ao refletir sobre o primeiro seminário de macromarketing, White (1980: 11) ressalta a importância dos sistemas: "O uso do termo sistemas de marketing ou sistemas de marketing agregado é que envolve grupos, redes ou sub-sistemas de empresas de micromarketing como o estudo da empresa".

Talvez a visão mais amplamente aceita do que constitui seu objeto fosse a definição de

Hunt (1981: 8) de macromarketing como o estudo dos sistemas de marketing, seu impacto na sociedade e o impacto da sociedade nos sistemas de marketing. Hunt e Burnett (1982: 24) fizeram um exame extensivo do que é ou deveria ser incluído no macromarketing, em contraste com o micromarketing (gestão de marketing e comportamento do consumidor). Com base nas definições dos respondentes, pensou-se que o macromarketing deveria incluir uma ou mais das seguintes características: uma perspectiva da sociedade; um alto nível de agregação; as conseqüências do marketing na sociedade; as conseqüências da sociedade sobre o marketing; e qualquer coisa envolvendo sistemas de marketing (no agregado). Atualmente, o *Journal of Macromarketing* inclui áreas tópicas como: concorrência e mercados; política global e ambiente; marketing e desenvolvimento; história do marketing; e qualidade de vida.

Muitos estudiosos observando a popularidade acadêmica das micro áreas de gestão de marketing e comportamento do consumidor lamentam esta falta de atenção a questões sociais maiores e argumentam que esta área de marketing é muito importante para ser ignorada. Após uma análise histórica abrangente da interface da sociedade de marketing, Wilkie e Moore (2003: 142) fecharam com o comentário, quase lamentando: "as questões, insights, princípios e descobertas que constituem o marketing e a sociedade não devem ser deixadas fora da mente dos futuros líderes do pensamento de marketing".

Escola de intercâmbio

Esta escola se concentra em questões tais como: quem são as partes de um intercâmbio?

Qual é a motivação das partes para chegar a um acordo? Qual é o contexto do intercâmbio? A maioria dos teóricos do marketing tem argumentado que o intercâmbio é o coração do marketing (Alderson, 1965; Bagozzi, 1975, 1978; Hunt, 1976; Kotler, 1972; McGarry, 1950; McInnes, 1964; Sheth e Garrett, 1986). Como Adam Smith (1776/1937: 17) observou com muita atenção há muito tempo, a divisão do trabalho é o princípio organizacional fundamental dos grupos e da sociedade, e "dada uma divisão do trabalho, deve haver troca". Dada a abrangência do intercâmbio nas interações humanas, os pensadores de marketing têm levantado questões sobre sua natureza. Assim como com a administração de marketing e o comportamento do consumidor, a escola de intercâmbio também bifurcou ao longo de dois caminhos divergentes: o tradicional focalizado nas transações de marketing (isto é, compra e venda) e o caminho ampliado baseado no intercâmbio genérico ou social (isto é, doação e recebimento generalizados).

O impulso inicial para a escola de intercâmbio de marketing foi o artigo de Alderson and Miles (1965) (reimpresso como um capítulo do livro de Alderson de 1965) intitulado: "Transações e Travessões". Alderson (1965: 83) argumentou: A transação é um bloco fundamental que sugere possibilidades para um tipo mais rigoroso de teoria de marketing". Alderson ampliou a noção de Breyer (1934) sobre a transação de compra e venda. A concepção de Breyer foi, por sua vez, construída sobre argumentos de "prática comercial e fundamentos legais" desenvolvidos pela Commons (1924: 245), que argumentou:

O marketing não é uma *troca* de mercadorias · é uma *compra e venda* (ênfase original). A Commons fez notar que o marketing é muito mais que uma troca geral de uma coisa por outra; a troca de mercado envolve um processo institucional de grande valor social (Shaw, 1995).

Alderson passou a expandir o conceito de compra e venda em uma transação individual de mercado em uma teoria de travessões de mercado. Ele considerou a trans- vection como o conjunto de transações de mercado do vendedor original de matérias-primas, através de todas as compras e vendas intermediárias, até o comprador final de um produto acabado (ver vínculos teóricos na escola institucional). A agregação do conjunto de travestis por um determinado período de tempo, digamos um ano, em um determinado lugar, digamos os EUA, fornece uma descrição exaustiva do processo de marketing agregado de uma sociedade. Embora tenha havido alguns desenvolvimentos incrementais ao longo deste caminho, com a morte de Alderson a idéia de mercado ou intercâmbio contratual se transformou em intercâmbio genérico (ou social). Ou seja, o foco da troca mudou de transações de mercado orientadas contratualmente, removidas de seu quadro institucional - trabalho de canal - transvecção, para qualquer forma de troca humana, independentemente do contexto, incluindo doação de presentes, troca de votos por promessas políticas, ou troca de doações a organizações religiosas por promessas de salvação. De acordo com a visão genérica de Kotler (1972: 48): *'Uma transação é a troca de valores entre duas partes*. As coisas de valor não precisam ser limitadas a bens, serviços e dinheiro; elas incluem outros recursos como tempo, energia e sentimentos" (ênfase original). São propostas quatro condições necessárias, mas não suficientes, para o intercâmbio:

1   pelo menos duas partes;

2   cada um com algo de valor

para o outro;

3   capazes de se comunicar;

4   e aceitando ou rejeitando a troca.

O intercâmbio genérico trata de "como" algumas técnicas de gestão de marketing, comunicação par- ticularmente persuasiva, podem ser utilizadas em um ambiente não empresarial, como causas sociais, políticas, religiosas ou mesmo pessoais. Vai além da motivação do lucro ou do valor econômico, para englobar quaisquer motivações e quaisquer valores entre quaisquer partes, incluindo a troca de crenças, sentimentos e opiniões. O problema colocado para o pensamento de marketing é que não pode haver assuntos distintos com - fora dos limites disciplinares. Parece óbvio que quase todas as interações humanas afetam os sentimentos ou opiniões das pessoas até certo ponto. Consequentemente, Sheth e

Garrett (1986: 773) apontaram: "O marketing deve limitar-se ao intercâmbio de valores econômicos . . . [ou] é provável que seja indistinto com outras disciplinas, tais como psicologia social e dinâmica de grupo". Como uma ilustração do assunto do marketing embaçado Laczniak e Michie (1979: 220) listou: "a troca de votos de casamento", "negociação por um criminoso", e "um telefonema" entre outras formas de trocas genéricas. De acordo com esses críticos, tais exemplos de intercâmbio tornam o assunto de marketing e os limites disciplinares ambíguos na melhor das hipóteses e incompreensíveis na pior das hipóteses.

Bagozzi (1975, 1978, 1979) empreendeu o mais extenso trabalho teórico em explicando o conceito genérico de intercâmbio da Kotler. O ápice do trabalho de Bagozzi foi uma tentativa de formalizar uma teoria genérica de intercâmbio. Ele conceituou três variáveis dependentes (1979: 435-6): 'resultados, experiências e ações' e quatro determinantes (os três primeiros de seu artigo de 1978): influência social, características de ator social, contingências sociais e efeitos de terceiros. Seguindo a con- ceptualização, Bagozzi formalizou sua teoria com uma série de equações estruturais. A teoria formal foi criticada por Ferrell e Perrachione (1980: 158-9). Ela *"se baseia em equações econômicas padrão que poucas, se alguma, névoas econômicas foram capazes de testar empiricamente"* . . . ela *"restabelece teorias de troca de outras disciplinas"*, mas *"não se qualifica como uma teoria formal (ou mesmo a base para uma teoria formal) de trocas de marketing . . . o que Bagozzi desenvolveu é uma estrutura con- ceptual e algumas equações funcionais vagamente relacionadas"*. Essencialmente, eles disseram que havia uma desconexão entre a concepção de

Bagozzi e a formalização. Ao traduzir sua conceitualização em teoria formal, a riqueza dos conceitos se perde, por um lado, e há pouco ganho com a formalização de equações de maximização econômica que têm pouca semelhança com o comportamento de marketing, por outro.

Na tentativa de uma abordagem mais científica, Hunt (1983: 13) propôs: "Mercado é a ciência comportamental que procura explicar as relações de intercâmbio". A partir desta definição, ele deduziu quatro explicações fundamentais (fenômenos a serem explicados) "destinadas a facilitar ou consumar as trocas". Estas incluem: o comportamento de (1) compradores e (2) vendedores, (3) a estrutura institucional na qual ocorrem as trocas entre compradores e vendedores, e (4) as conseqüências para a sociedade dos comportamentos de 1, 2, e 3. As quatro explicações de Hunt evitaram as críticas de outras abordagens conceituais de intercâmbio por causa da inclusão excessiva (todas as formas de intercâmbio) ou exclusão crítica (o cenário institucional e social para o intercâmbio de mercado).

Ampliando a noção de uma oferta de mercado de "bens e serviços", Houston e Gassenheimer (1987: 16-17) incluíram: 'idéias, personalidades, organizações, meios de intercâmbio, lugares, experiências e conseqüências de intercâmbio' como valores potenciais em um intercâmbio genérico. Eles concluíram: 'o intercâmbio pode e deve servir como o centro teórico em torno do qual outras teorias de marketing se conectam para formar uma estrutura integrada'. Com exceção dos bens e serviços que circulam pelos canais, este centro parece envolver qualquer par de atores, independentemente do contexto insti- tual e do impacto social, e, portanto, não parece exigir muita outra teoria de marketing além da comunicação persuasiva para descrever um intercâmbio genérico.

Como uma gestão de marketing ampliada, também tem havido críticas ao intercâmbio genérico (por exemplo, Arndt, 1978; Ferrell e Zey-Ferrell, 1977; Laczniak e Michie, 1979; Luck, 1974; Shaw e Dixon, 1980). No entanto, no início dos anos 80, um debate significativo havia terminado, o intercâmbio social havia ganho as mãos (Hunt, 1988), e novas gerações de estudantes de marketing aprendem o conceito genérico de intercâmbio como dogma. Agora, é em grande parte tomado como garantido, uma idéia aceita e poderosa entre os estudantes do pensamento de marketing.

Além disso, ao aplicar o marketing em todo o espectro social, nenhuma outra idéia tem mudou tanto a percepção popular do marketing quanto o conceito de intercâmbio genérico. Muitos escritores falaram da baixa estima, se não do desprezo, em que os comerciantes foram mantidos ao longo da história (Cassels, 1936; Kelley, 1956; Steiner, 1976). A linha de etiqueta anexada ao comerciante foi resumida no título do artigo Farmer's (1967): "Você gostaria que sua filha se casasse com um homem de marketing? A resposta foi um retumbante "Não" porque o marketing não parecia respeitável. Certamente essa percepção mudou com a ampliação da gestão da mar- keting e da troca genérica. Hoje em dia, sua filha pode muito bem ser uma comerciante altamente conceituada, empregada tanto por uma empresa como por uma organização beneficente. Ao popularizar a noção de marketing (abreviação de técnicas de gerenciamento de marketing) para todas as causas, questões e situações, o marketing deixou de ser mal falado e passou a ser altamente elogiado. O comerciante encarregado dos clientes, pacientes e patrocinadores, muitas vezes na angariação de fundos para várias causas, é normalmente nomeado o responsável pelo desenvolvimento e aplaudido por suas habilidades de marketing.

O aspecto positivo do intercâmbio genérico é dar aos marqueteiros um caráter respeitável em vez de serem considerados corruptos ou imorais. Por outro lado, ao expandir a prática de marketing a praticamente toda atividade social, o intercâmbio genérico não se enquadra no contexto histórico do marketing. A troca genérica pode servir como base para uma teoria geral de sociologia ou psicologia social, mas excluindo os principais conceitos comerciais de vendedores e compradores, a motivação do lucro e a valorização econômica, é difícil conceber a troca social, por si só, servindo como o núcleo fundacional para uma teoria geral de marketing.

Escola de história de marketing

O histórico de marketing aborda questões
de quando práticas e técnicas, conceitos e
teorias foram introduzidos e
desenvolvidos ao longo do tempo, bem
como suas ações entre si. O primeiro
escritor a sugerir a história do marketing
como uma escola de pensamento foi E.T.
Grether (1976). Ele examinou o *Journal of
Marketing* desde sua origem em 1936 até
quatro décadas de publicação e o dividiu
em 12 categorias, incluindo a história do
marketing. Dada sua origem na Escola
Histórica de Economia Alemã (Jones and
Monieson, 1990), pode-se argumentar que
existia uma abordagem histórica no
marketing antes de qualquer outra escola
de pensamento. No entanto, é somente

durante os últimos 20 anos, mais ou menos, que a história do marketing desenvolveu uma massa crítica de estudiosos ativos e publicações de pesquisa.

Entre 1930 e 1960, a pesquisa histórica em marketing tratou do desenvolvimento da disciplina (Bartels, 1962; Converse, 1933, 1945, 1959; Hagerty, 1936; Litman, 1950; Maynard, 1941a, 1941b; Weld, 1941), bem como da história do varejo e do atacado (Barger, 1955; Beckman e Engle, 1937; Jones, 1936; Marburg, 1951; Nystrom, 1951). Houve uma história geral de marketing des- tintivo por seu escopo e perspectiva histórica durante este período inicial, Hotchkiss' (1938) *Marcos do Marketing*.

Durante a década de 1960, houve uma transição para histórias mais integrativas de prática e pensamento (Converse, 1959; Hollander, 1960, 1966) e a publicação de obras mais substantivas (Bartels, 1962; Schwartz, 1963; Shapiro e Doody, 1968) que pareciam sinalizar um amadurecimento e crescimento do interesse. Foi esporádico, porém, e só no início dos anos 80, sob a liderança de Stan Hollander, é que a pesquisa histórica em marketing desenvolveu os números e a qualidade que justificavam o reconhecimento como uma escola de pensamento. Em 1983, o primeiro Workshop Norte-Americano de Pesquisa Histórica em Marketing foi realizado na Michigan State University e tem sido realizado a cada dois anos desde então. Em 1989, o título da conferência proclamou a história do marketing como uma "disciplina emergente". Isto pode ter sido prematuro, mas apenas por uma década. No final dos anos 90, a pesquisa apresentada na renomeada 'CHARM' (Conference on Historical Analysis and Research in Marketing) gerou um crescimento de publicações em livros acadêmicos e em importantes revistas acadêmicas, bem como uma seção regular no *Journal* *of* *Macromarketing*. Também resultou na formação de uma Associação para a Pesquisa Histórica em Marketing em 1999. A participação nas reuniões da CHARM representa cada vez mais uma gama mais ampla de estudiosos do que aqueles que trabalham em escolas de administração como historiadores de marketing, construindo um diálogo com historiadores sociais, econômicos e de negócios . Além da CHARM, existem associações históricas paralelas, como o CHORD (Centro de História do Varejo e Distribuição) sediado no Reino Unido e a Conferência de História de Negócios que inclui pesquisas históricas em marketing.

A pesquisa histórica em marketing amadureceu metodologicamente (Brown et al, 2001; Golder, 2000; Jones, 1993; Nevett, 1991; Smith e Lux, 1993; Witkowski, 1993); e se ampliou para abranger uma ampla gama de pensamento e práticas de marketing (embora não tanto quanto o conceito ampliado, o que tornaria a história do marketing praticamente indistinguível da história social). A pesquisa histórica se estende além das fronteiras norte-americanas para descrever o pensamento e a prática de marketing em outros países, e remonta antes do século 20 para descrever as idéias dos primeiros pensadores e as técnicas dos primeiros praticantes das antigas civilizações até o presente. Há também um reconhecimento crescente da forma como o marketing foi moldado por praticantes, críticos e reguladores, além de estudiosos. Ao explorar seu passado, a pesquisa histórica parece ter um futuro crescente como uma escola de pensamento de marketing.

Durante o início do século 20, o marketing evoluiu de conceitos individuais para teorias, para correntes de pesquisa e para abordagens comuns ao assunto, agora denominadas escolas de pensamento de marketing. Cada uma das escolas descritas neste artigo aborda uma ou mais perspectivas do pensamento de marketing, levantando questões fundamentais que a escola procura responder: Quais funções ou atividades compõem o marketing? Como são comercializadas as diversas mercadorias? Quem realiza as atividades de marketing? Como os profissionais de marketing devem gerenciar seu mix de marketing? Por que os consumidores compram uma marca versus outra? Para onde levam as atividades de marketing? lugar? Quando ocorre o marketing? Por que o marketing existe? Qual é o impacto do market- ing na sociedade? Até que ponto o sistema de marketing funciona bem?

Os pesquisadores dentro de uma escola raramente reconhecem a existência de outras escolas de marketing, muito menos o relacionamento de uma com a outra. E ainda, como Hollander (1980) observou, nenhuma escola por si só fornece uma análise satisfatória para todo o pensamento de marketing. Estudar cada escola de pensamento de marketing independentemente para compreender a totalidade é como cada um dos seis homens cegos examinando um elefante e pensando que sua parte particular representa o todo. Então, qual é a situação do pensamento de marketing como um todo? Como estes corpos de conhecimento chamados escolas se relacionam uns com os outros? Por que o pensamento de marketing está em uma encruzilhada? Qual caminho irá resolver o problema fundamental? A história fornece um guia.

No início do século 20, os pioneiros do pensamento de marketing procuraram esculpir assuntos distintos para a nova disciplina acadêmica emergente do market- ing. Esses primeiros pensadores trabalharam dentro de uma estrutura comum de funções, instituições, mercadorias e, mais tarde, comércio inter-regional, abordagens que eram consideradas partes integrantes do conjunto do marketing. A mudança de paradigma dos anos 50 trouxe uma proliferação de novas escolas: gestão de marketing; sistemas de marketing; comportamento do consumidor; macromarketing; intercâmbio; e história do marketing. Como a disciplina fragmentada, a maioria das escolas desenvolveu uma vida própria como estudiosos, focalizando estritamente dentro de sua própria especialidade sem considerar outras escolas ou sua integração em um todo unificado (Bartels, 1988). Apesar do impressionante acúmulo de conhecimento dentro de determinadas escolas durante os últimos 100 anos, o status do pensamento de marketing tomado como um todo aparece mais desordenado no início do século 21 do que no início do século 20.

E ainda assim, as escolas são complementares; portanto, as escolas antigas e modernas podem ser ligadas entre si em pelo menos uma estrutura rudimentar. A escola de marketing functions identifica o trabalho realizado nos canais de distribuição entre empresas e firmas e empresas e lares. A abordagem de mercadorias categoriza os produtos e serviços como objetos de intercâmbio de mercado. A escola institucional descreve os tipos e o comportamento dos intermediários de marketing (especialistas em intercâmbio), posicionando-se entre produtores originais e consumidores finais nos canais, o que, no conjunto, fornece o contexto institucional do sistema de marketing. A gestão de marketing trata do trabalho de uma empresa individual na criação de vendas lucrativas de produtos e serviços. O comportamento do consumidor inclui as atividades de busca e seleção de uma família indi- vidual na compra de sortimentos de produtos e serviços para consumo. As escolas de história inter-regional e de marketing relacionam os aspectos espaciais e temporais das atividades de marketing, descrevendo lugares onde e ocasiões em que as trocas de mercado ocorrem em microescala entre segmentos individuais de oferta e demanda até a escala macro da oferta e demanda agregada. Macromarketing diz respeito aos impactos bidirecionais do marketing como uma instituição com o sistema social. Os sistemas de marketing fornecem uma superestrutura hierárquica para integrar empresas e famílias trabalhando para atingir alguns de seus objetivos através do processo de criação de transações de mercado estáveis e travessões dentro da estrutura de canais institucionais do sistema de marketing agregado e as sanções da sociedade. O intercâmbio.

A escola fornece um núcleo que liga os elementos do sistema de marketing num todo: empresas e agregados familiares como actores que desempenham papéis de compra e venda dirigidos à criação de transacções de mercado e travestis, ligando os objectos, locais e ocasiões de troca dentro do contexto do canal institucional, aninhado dentro do sistema de marketing agregado, que por sua vez interage com outras instituições do sistema social total. Evidentemente, a tarefa mais difícil é formalizar as ligações conceptuais entre as escolas de marketing; uma tarefa para pesquisas futuras.

Mas primeiro há um problema mais fundamental para o pensamento de marketing. Infelizmente, muito do conhecimento útil adquirido na mudança de paradigma dos anos 50 é obscurecido pelo carácter vago e geral do alargamento do paradigma dos anos 70. Embora possa não parecer tão alarmante quando visto numa única escola, tomado em conjunto, o paradigma alargado em três escolas (gestão do mercado, comportamento do consumidor e intercâmbio) subsume todas as acções, relações e intercâmbios sociais entre seres humanos, obscurecendo assim o subconjunto da actividade social humana exclusivamente relacionada com o sistema de marketing.

A escola de gestão de marketing, que originalmente tratava da forma como uma empresa de negócios visava segmentos de clientes com uma mistura de marketing (ou seja, o lado vendedor da equação de mercado), alargou-se para incluir quase todas as causas sociais ou pessoais, utilizando técnicas de comunicação persuasivas de mistura de marketing. A escola de comportamento do consumidor, originalmente enfatizando a forma como os produtos e serviços desejados eram adquiridos (ou seja, o lado comprador das trocas de mercado), alargou-se para incluir praticamente todos os aspectos da obtenção e utilização de qualquer coisa quer relacionada com o mercado ou não. A escola de intercâmbio, originalmente centrada em vendedores e compradores envolvidos em transacções de mercado e travestis, alargou-se para incluir quaisquer partes que dessem e recebessem qualquer coisa numa relação de intercâmbio genérica, independentemente de papéis, motivos ou valores. Ou seja, a construção clara e concisa de uma transacção de mercado foi substituída pela noção ambígua e incrustada de troca genérica. Assim, no início do século XXI, a identidade, o assunto distinto e os limites do marketing como disciplina são vagos e ambíguos.

A expansão destas três grandes escolas para além do domínio empresarial deixa o pensamento do marketing numa encruzilhada. Este é um momento particularmente crucial porque as escolas de gestão de marketing e de comportamento do consumidor incluem a maioria dos investigadores de marketing, e a escola de intercâmbio representa a matéria principal comummente reconhecida para uma teoria geral de market- ing. Infelizmente, este problema de bifurcação é confundido pelo facto de não ser reconhecido. Sendo a visão dominante do mundo", o paradigma alargado Arndt (1983):

52) astuciosamente observado, "tende a permanecer inquestionável e assume o estatuto de ser real e rotineiro". Consequentemente, a grande maioria dos investigadores que se concentram numa determinada escola não têm consciência ou não apreciam a criticidade das fronteiras para o pensamento de marketing como um todo. Portanto, a sondagem fundamental na encruzilhada é uma escolha entre a resposta inquestionável: continuar a alargar o marketing sem perguntar se é lógico fazê-lo, ou lidar com a questão não respondida: é mais racional que o marketing regresse às suas fronteiras instituicionais?

Recorde-se que Commons (1924), Breyer (1934), e Alderson (1965) enfatizaram que o marketing envolve mais do que a mera troca ou troca de uma coisa pela outra; o marketing é uma instituição integral da sociedade na qual os actores desempenham papéis sociais bem definidos - vendedor e comprador, têm motivos claramente delineados - rentabilidade e utilidade/benefício, e têm valores declarados com precisão - expressos em termos monetários.

A troca genérica baseada na noção obscura e excessiva de todas as trocas por quaisquer partes com quaisquer motivos para quaisquer valores aparece como um enorme passo atrás em relação à construção de uma transacção de mercado, que especifica clara e lucidamente as partes, motivos e valores. A importância desta distinção não pode ser sobrestimada. Voltando à história, filósofos e estudiosos de Platão (427-348 a.C.) a Alderson (1965) examinaram a distinção significativa entre o comércio baseado em meros acordos de troca, comumente encontrados entre tribos primitivas e países menos desenvolvidos, em comparação com as transacções de mercado como pedra angular do comércio numa civilização avançada, como Atenas do século V ou a América do século XXI (Shaw, 1995).

A dificuldade fundamental com o alargamento do marketing/intercâmbio genérico é que, excepto para alguns ermitãos isolados, o comportamento humano é inerentemente social, e o comportamento social inclui todos os papéis humanos e relações de intercâmbio. As técnicas de gestão de marketing podem ser aplicadas a campanhas políticas, organizações religiosas, causas sociais ou pessoais sem alargar o domínio conceptual do marketing para conter a ciência política, teologia, sociologia e psicologia social. A investigação de marketing utiliza técnicas estatísticas, mas não faz parte, nem reivindica, a disciplina da estatística. A aplicação de técnicas práticas não deve ser con-fundada com o domínio conceptual disciplinar. O marketing alargado/intercâmbio genérico inclui: professor e aluno a trocar ideias, lutadores a trocar golpes, menino e menina a trocar beijos, ou mãe e criança a trocar sentimentos de afecto. Não se trata de exemplos estranhos; o conceito de "marketing íntimo", por exemplo, foi proposto para incluir as relações de intercâmbio conjugal e familiar (Levy e Zaltman, 1975: 42). Qual é o benefício? Como discutido anteriormente, a definição geral de todos com algo a ganhar como comerciante trouxe maior respeitabilidade aos profissionais de marketing. O marketing alargado também proporciona algumas aplicações práticas interessantes das técnicas de marketing. Mas os benefícios não são isentos de custos.

O principal custo é a perda de identidade, a indefinição do assunto e a falta de limites disciplinares. "Ao alargar os seus horizontes através dos conceitos de troca de valor e tomando perspectivas sociais mais amplas, o marketing começa a esbater os seus limites", e Sheth e Gardner (1982: 220) concluíram que esta ampla - ening deveria ser invertida, "antes que a crise de identidade ameace a existência do marketing". Vários estudiosos também notam o primeiro axioma (Bartels, 1988) ou critério para uma ciência de marketing exige que esta "deve ter um tema distinto" (Hunt, 2002: 20). Assim, o alargamento da disciplina e do intercâmbio genérico ofusca a identidade única do marketing, pondo em causa o seu estatuto de ciência social.

Além disso, o conceito de intercâmbio genérico já sai noutra ciência social, onde mais apropriadamente vincula o seu objecto. O sociólogo George Homans (1950, 1958), por exemplo, reconheceu a existência de custos e benefícios no relacionamento entre indivíduos e grupos e trocas sociais definidas utilizando uma analogia empresarial: 'lucro = recompensa - custo'. É evidente que o comportamento social contém o conjunto de todos os comportamentos de marketing, mas será que o contrário se obtém: o comportamento de marketing contém o conjunto de todos os comportamentos sociais? Será que uma pessoa que diz 'olá' em troca do 'olá' de outro indivíduo está envolvida em marketing ou actividade social? A observação de Holbrook (1987) sobre o alargamento do comportamento do consumidor é facilmente estendida ao marketing/intercâmbio genérico alargado: ao tentar abranger praticamente tudo, o marketing não representa quase nada.

Até que ponto se pode alargar o intercâmbio genérico? A resposta é ad infinitum. Os primeiros sábios da antiga filosofia grega procuraram conceptualmente o elemento primoral da natureza, causando harmonia no cosmos. Heracleitus (c540-475 a.C.) concluiu que o elemento fundamental era o fogo (por razões que não precisam de nos deter, excepto para notar a sua utilização metafórica da troca no mercado). Uma vez que a venda a retalho tinha sido recentemente introduzida na Grécia pelos Lídianos e estava a espalhar-se como fogo selvagem (Jones e Shaw, 2002), Heracleitus empregou uma metáfora de marketing: "Há uma troca: tudo por fogo e fogo por tudo, como bens por dinheiro e dinheiro por bens". Os humanos não só trocam uns com os outros, mas também prestam cuidados em troca de afecto ou trabalho de animais de estimação e animais domesticados. E as pessoas também trocam com o seu ambiente físico, como na sementeira e na colheita. De facto, tudo no universo consiste em matéria e energia, num processo contínuo de troca. Será que todos os intercâmbios no universo são intercâmbios de mercado? Se não, todo o comportamento humano é dirigido para o marketing das trocas sociais? Se não, os académicos devem traçar um limite para identificar claramente o assunto distinto do market- ing. Se não, o marketing é apenas "soprar ao vento".

Após um quarto de século, o legado do marketing alargado é muitas aplicações práticas, mas poucas ou nenhumas implicações teóricas. Tem confundido o assunto e os limites do marketing, e o intercâmbio genérico tem até sido utilizado noutras ciências sociais. Esta investigação argumenta que é tempo de a disciplina questionar o alargamento do paradigma e reconsiderar o domínio comercial convencional como base conceptual do pensamento de marketing contemporâneo.

www.ingramcontent.com/pod-product-compliance
Lightning Source LLC
Chambersburg PA
CBHW030944240526
45463CB00016B/1778